Martha Gellhorn – Die Araber von Palästina

Martha Gellhorn (1908-1998) war eine legendäre Reporterin und Schriftstellerin, die ihr ganzes Leben rastlos unterwegs war, um aus Krisengebieten über Kriege und Ereignisse zu berichten, die die Welt veränderten.

Die Reportagen »Die Araber in Palästina« und »Eichmann und das eigene Gewissen« sind dem Buch »Das Gesicht des Friedens« entnommen (Copyright der deutschsprachigen Ausgabe Edition Tiamat, Berlin 2020), übersetzt von Norbert Hofmann. »Der Sechstagekrieg« erschien in »Das Gesicht des Krieges. Reportagen 1937-1987« (Copyright der deutschsprachigen Ausgabe © 2012 Dörlemann Verlag AG Zürich), übersetzt von Hans-Ulrich Möhring. Wir danken dem Dörlemann Verlag für die Abdruckgenehmigung.

Edition
TIAMAT
Deutsche Erstveröffentlichung
1. Auflage: Berlin 2024

www.edition-tiamat.de
Buchcovergestaltung: Felder Kölnberlin Graphikdesign
ISBN: 978-3-89320-318-5

Martha Gellhorn

Die Araber von Palästina

Reportagen über arabische Flüchtlinge, Eichmann und den Sechstagekrieg

Aus dem Englischen von
Norbert Hofmann und Hans-Ulrich Möhring

Mit einem Nachwort von
Klaus Bittermann

Critica
Diabolis
330

Edition
TIAMAT

Inhalt

Vorbemerkung

Sobald der Eichmann-Prozess angekündigt war, wusste ich, ich würde darüber berichten und vielleicht auch die Reise dazu nutzen, das endlose Palästina-Problem zu untersuchen, da ich den Klischees der Politik und den Statistiken misstraute: Ich wollte meine eigenen Nachforschungen anstellen. Das Material für die Artikel über die Palästinenser und den Eichmann-Prozess hatte ich im Mai und Juni 1961 gesammelt, und beide Texte wurden vor dem Ende des Sommers geschrieben.

Lager ist, angewandt auf alle palästinensischen Flüchtlinge, eine emotionale Fehlbezeichnung, aber Lagerinsassen sind die armen Palästinenser, und sie sind verloren, denn sie werden nie wie Menschen behandelt werden. Zwanzig Jahre lang dienten sie als Kriegsgrund, als Schlagwort für arabische Regierungen. Seit 1967 sind sie bösartig getäuscht worden von ihrem selbsternannten Führer, diesem hässlichen kleinen Mann mit seinem Zweitagebart, seinem gruseligen Lächeln und den theatralischen Guerillaklamotten, Jassir Arafat. Niemand hat ihn gewählt, und kein Palästinenser wagt es, sich seiner PLO zu widersetzen; Andersdenkende werden ermordet.

Arafat bekam genug Geld von den Öl-Arabern, um die Ausbildung zweier Generationen junger Palästinenser zu finanzieren, eine Chance für sie, die Armut in den

Lagern hinter sich zu lassen und ein gutes, selbstständiges Leben zu beginnen. Stattdessen hat er zwei Generationen nur für die Übung an Waffen und Sprengstoff rekrutiert und auf einem vergeblichen Ziel beharrt: Palästina den Palästinenser. Israel wird nicht Selbstmord begehen und auch nicht mit Gewalt erobert werden. Terrorismus ist der Beitrag der PLO zur Geschichte. Man kann die PLO als die Harvard Business School des Terrorismus bezeichnen – mit vielen internationalen Studenten. Den Palästinensern in den Lagern geht es jetzt [Ende der achtziger Jahre] schlechter als vor 26 Jahren. Unter Arafats Führung lösten Palästinenser den Bürgerkrieg aus, der den Libanon ruiniert hat. Keine arabische Regierung will freiwillig palästinensische Killer aufnehmen, die nichts anderes können als Chaos stiften.

Mir tun die Palästinenserinnen leid, die Einzigen in den Lagern, die nach meinem Eindruck vernünftig und bewundernswert waren. Die Haltung moslemischer Araber gegenüber Frauen ist einer der Gründe, dass Araber auf so trostlose Weise zurückgeblieben sind. Der Hauptgrund ist Hass. Diese Leute lieben es zu hassen, was ich schon vor langer Zeit beobachtet habe und wie jeder inzwischen bemerkt haben muss. Hass macht den Verstand krank.

Als ich den kalten, klimatisierten Gerichtssaal in Jerusalem betrat, war die Weltpresse schon abgereist. Ich hatte darauf gewartet; ich wollte den Eichmann-Prozess mit Israelis verfolgen, die nun fast die einzigen Zuhörer waren. Abends traf ich mich mit einigen von ihnen und hörte ihnen zu. Der Prozess war persönlicher als der

Nürnberger Prozess; viele Zeugen kannten Eichmann und erzählten ihre Lebensgeschichte. Ich konnte damals die Gefühle in Israel nicht beschreiben und kann es auch jetzt nicht. Es war etwas wie ein qualvolles Trauern am Sterbebett eines nahen Menschen; etwas wie ein Nervenzusammenbruch nach der Nachricht vom grausamen Tod eines Familienmitglieds. Israel lässt sich ohne den Holocaust nicht verstehen, er ist eine kollektive Erinnerung, die nie ausgelöscht werden wird. Die ständigen Rattenbisse der PLO, die starrköpfige Feindseligkeit der arabischen Länder, nun vermehrt durch den nichtarabischen Iran, stärken diese Erinnerung und sperren Israel in seinen strengen militärischen Selbstschutz ein. Kein anderes Land wird gezwungen, seit zwei Generationen in einem permanenten Belagerungszustand zu leben. Dies verhärtet die Seele und ist ein Jammer. Israel benötigt dringend, was es nicht bekommen kann: die Akzeptanz der muslimischen Welt und Friede. Israel braucht Ruhe.

Die Araber von Palästina

The Atlantic Monthly, Oktober 1961

Arabischen Politikern und Apologeten zufolge ist dies die authentische Sicht dessen, was geschah, sind dies die Fakten. Für sie kann es nur die eine Wahrheit geben, und sie gehört ihnen:

Im Jahr 1948 fand ein Krieg zwischen fünf arabischen Nationen des Nahen Ostens und den Juden in Palästina statt. Verursacht wurde dieser Krieg von den Vereinten Nationen, deren Generalversammlung beschloss, Palästina in zwei Staaten zu teilen, einen für die palästinensischen Araber, den anderen für die Juden. Die arabischen Nationen und die palästinensischen Araber akzeptierten diese monströse Entscheidung nicht. Sie mussten sich dagegen wehren – mit Gewalt. Die Vereinten Nationen fungierten als Werkzeug der westlichen Imperialisten, insbesondere Großbritanniens und der USA. Die Vereinten Nationen wollten, dass die Juden den Staat Israel ausriefen. Wegen der westlichen Imperialisten, die Israel favorisierten, verloren die Araber den Krieg. Durch Massaker, Propaganda, bewaffneten Zwang und die mörderische Belagerung von Städten vertrieben die Juden Hunderttausende Araber aus ihrem Heimatland. Seit dreizehn Jahren schmachten diese arabischen Flüchtlinge in Elend an den Grenzen Israels. Die Vereinten Nationen (der westliche Zweig) tragen die Schuld für diese Ereignisse und müssen den Schaden beheben. Das Leiden der Flüchtlinge belastet das Gewissen ehrenhafter Menschen. Die israelische Regierung weigert sich, die Flüchtlinge, deren Zahl nun auf über eine Million angeschwollen ist, wieder in ihrem Heimatland willkommen zu heißen. Diese Weigerung beweist die Brutalität und Unehrlichkeit Israels, eines anormalen Staates von Fremden, der nicht nur unschuldige Menschen ins Exil zwang, sondern auch ihren Besitz stahl. Es gibt keine Lösung für diese Ungerechtigkeit, die größte, die die Welt je gesehen hat, außer der Zurückführung aller palästinensischen Flüchtlinge nach Palästina. Palästina ist ein arabisches Land, das nun infamerweise Israel genannt wird. Israel hat kein Recht zu existieren, und die arabischen Nationen werden mit ihm keine Friedensverträge unterzeichnen, sondern mit allen Mitteln den Kriegszustand aufrechterhalten.

Die Einzelheiten der arabischen Argumentation variieren je nach politischem Klima und Publikum. Jedoch bleiben die palästinensischen Flüchtlinge stets das zentrale Thema. Es wird in den arabischen Ländern in der Farbe des Blutes gemalt: Rache und Rückkehr. In der westlichen Öffentlichkeit ersetzen Tränen das Blut; die arabische Sache beruht auf der Not der Flüchtlinge und ist eher ein Aufruf an das Gewissen als ein Ruf zu den Waffen. Kein arabischer Staatsmann hat je endgültigen Frieden mit Israel versprochen, wenn nur die eine Million palästinensischer Flüchtlinge in ihre früheren Häuser zurückkehren dürfen.

Am besten betrachtet man diese Sache, indem man auf die Flüchtlinge selbst schaut, nicht als ein »Problem«, auch nicht als Statistik, sondern als Menschen. Die palästinensischen Flüchtlinge, übel zugerichtet durch dreizehn Jahre in der Arena internationaler Politik, haben ihre Gestalt verloren; sie erscheinen wie ein Haufen und werden behandelt wie ein Objekt. Aber sie sind Individuen wie alle anderen auch.

Trotz all der Sorge und Zuwendung, die sie bekommen haben, trotz der einzigartigen Publicity, die um sie herum betrieben wird, sind die arabischen Flüchtlinge leider nichts Außergewöhnliches. Auch wenn niemand genau weiß, wie viele Flüchtlinge über den ganzen Globus verstreut sind, wird geschätzt, dass seit dem Zweiten Weltkrieg, und nur seitdem, mindestens 39 Millionen *nichtarabische* Männer, Frauen und Kinder ungewollt heimatlose Flüchtlinge geworden sind. Ihre Zahl wächst jedes Jahr; Angolaner sind der jüngste Neuzugang auf dieser langen Liste. Die Gründe für diese Entwurzelung sind immer verschieden, aber das Ergebnis ist gleich: Die Entwurzelten haben verloren, was sie hatten und woher sie kamen, und müssen ihr Leben als benachteiligte Fremde neu beginnen, wo immer ihnen erlaubt wird zu leben.

Die Welt könnte zu diesen Wanderern wider Willen weitaus großzügiger sein, aber zumindest werden sie als Menschen anerkannt, nicht als Schachfiguren. Durch eigene Anstrengungen und mit der Hilfe staatlicher und freiwilliger Dienste hat sich der Großteil dieser 39 Millionen irgendwo niedergelassen und Arbeit und eine zweite Chance für die Zukunft gefunden. Ein Flüchtling zu sein, bedeutet nicht unbedingt, lebenslang in diesem Zustand zu verharren.

Das einzigartige Unglück der palästinensischen Flüchtlinge besteht darin, dass sie eine Waffe in einem scheinbar endlosen Krieg sind. Alarmierende Anzeichen aus Ägypten warnen uns, dass die palästinensischen Flüchtlinge für mehr als eine Rechtfertigung des kalten Krieges gegen Israel herhalten müssen. Wir ignorierten damals Hitlers *Mein Kampf* als das Gefasel eines Verrückten, das auf einen begrenzten heimischen Leserkreis beschränkt war. Wir sollten gelernt haben, Diktatoren oder ihre Bücher nie zu ignorieren. *Die Befreiung Ägyptens* von Gamal Abdel Nasser verdient sorgfältige Beachtung. Das Buch ist kurz, zurückhaltend im Ton, und erzählt uns wieder einmal, dass eine Nation vom Schicksal dazu bestimmt ist zu führen – diesmal die arabischen Nationen, ganz Afrika und den Islam. Die palästinensischen Flüchtlinge werden nicht erwähnt, und inzwischen bekommt man im Nahen Osten ein ungutes Gefühl, was die palästinensischen Flüchtlinge betrifft: Sie sind nur ein Anfang, kein Ende. Ihre Funktion ist es, auszuharren und als Stachel nützlich zu sein. Das endgültige Ziel ist nicht eine solche »Kleinigkeit« wie die Repatriierung von Flüchtlingen.

Das Wort *Flüchtling* ist voller Erinnerungen, die zurückreichen über zu viele Jahre und zu viele Länder: Spanien, die Tschechoslowakei, China, Finnland, England, Italien, Holland und Deutschland. In Madrid wurden zwischen Artilleriebombardements Kinder in Lastwagen gestopft, um aus dem Todesroulette heraus und irgendwohin gebracht zu werden, während sich ihre Mütter an die Ladeklappen der Lastwagen klammerten und unter Tränen von ihren verwirrten und weinenden Kindern weggezerrt werden mussten. In Deutschland schien am Ende des Krieges das ganze Land voll zu sein mit umherirrenden Gestalten – Sklavenarbeiter, Überlebende der Konzentrationslager –, die in den vielen Zungen Babylons redeten, bedeckt mit Stofffetzen, die sie geplündert hatten, und die in abgestellten Güterwagen nach Essbarem suchten, auch wenn die Bahnhöfe bombardiert wurden. Von China bis Finnland waren es diese Menschen, die dem Wort *Flüchtling* seine Bedeutung und Definition gaben.

Niemand wollte auch nur ein weniger schlimmes Leid noch einmal sehen. Im Nahen Osten gab es keine Sprengbomben, keine Konzentrationslager, aber die Szenerie, die ich mir vorstellte, war schlimm genug; Läuse und Rachitis und Tuberkulose, Leichen, die in der Hitze verrotten, die Apathie der Verzweiflung. Warum hatte ich im Jahr 1961 ein solches Bild von den palästinensischen Flüchtlingen im Kopf? Offensichtlich von dem, was ich als eine aus dem interessierten durchschnittlichen Leserkreis an Informationen bekommen hatte; Vorstellungen schwirrten herum wie Staub in der Luft. Nichts von dem, was ich gelesen hatte, bereitete mich auf das vor, was ich fand.

Wie sieht sie aus, die homogene Masse mit dem Namen »palästinensisches Flüchtlingsproblem«? Was denkt, fühlt, sagt sie? Was will sie? Wie lebt sie, wo lebt sie, was macht sie? Wer kümmert sich um sie? Auf welche Zukunft können diese Menschen hoffen – im Hinblick auf die Realität, nicht in Bezug auf Slogans, die, wie wir wissen, inhaltsleer und doch fatal sind?

Die Kinder sind so flink wie Vögel, respektlos wie Affen, großäugig und immer bereit zu einem Lachen. Die jungen Mädchen, geübt durch das Tragen von Wasserkrügen oder schweren Bündeln auf dem Kopf, bewegen sich wie Ballerinen, und Bescheidenheit und Schweigen hüllen sie ein, als wären sie Kokons. Die jungen Männer, grob oder fein geformt, teilen die Zuversicht und Prahlerei ihrer neuen Männlichkeit. Die Älteren beiderlei Geschlechts sind eher unscheinbar. Die Gesichter der Frauen, die schnell altern, aber nicht so schnell wie die Männer, zeigen ungeschminkt ihre Erfahrungen; sie sehen geduldig, humorvoll und stark aus. Wenn die Männer sichtbar alt geworden sind, ähneln sie Granden. Die Hautfarbe dieser Menschen, vom Kleinkind bis zum Patriarchen, reicht von Goldblond bis Mahagonibraun. Die Rede von der angeborenen Gastfreundlichkeit und der Eleganz des Auftretens ist keine Übertreibung.

Die UNRWA (the United Nations Relief and Works Agency for Palestine Refugees in the Near East)* übernahm ihre Rolle von früheren Betreuern und ist seit elf Jahren auf fantastische Weise Vater und Mutter für diese Menschen. Im Laufe ihrer Elternschaft hat die UNWRA etwa 360 Millionen Dollar für die arabischen Flüchtlinge ausgegeben; dieses Geld kam von Mitgliedern der Vereinten Nationen wie auch in kleineren Spenden von privaten Wohltätigkeitsorganisationen. Zu der Gesamtsumme trugen die USA mehr als 238

* Das Hilfswerk der Vereinten Nationen für Palästina-Flüchtlinge im Nahen Osten (A.d.Ü.)

Millionen Dollar und Großbritannien über 65 Millionen Dollar bei – über die Jahre und in unterschiedlichem Umfang haben auch einundsechzig andere Länder, darunter Israel und der Heilige Stuhl, mit Bargeld geholfen. Die Sowjetunion hat nie auch nur einen Cent bezahlt. Eine kleine boshafte Anmerkung kann ich mir nicht verkneifen: Arabische Flüchtlinge äußern oft zärtliche Gefühle für die Sowjetunion, während die meisten der Sprecher in den Dörfern Amerika und England oder dem Popanz »Westlicher Imperialismus« die Schuld für ihr Exil geben.

In den sogenannten »Gastländern« Libanon, Jordanien, Syrien und Ägypten leitet die UNRWA 58 Lager. Die ägyptischen Lager befinden sich im Gazastreifen, also in Palästina; Ägypten ist die *de facto* Mandatsmacht, das Land und die Regierung des Gazastreifens sind palästinensisch. Die Mehrheit der Lager in Jordanien befindet sich auf dem Territorium, das früher zu Palästina gehörte, nun aber von Jordanien annektiert ist.

Der UNRWA ist es bis jetzt nicht erlaubt worden, eine vollständige Zählung der Flüchtlinge durchzuführen; daher sind Statistiken über die Zahl der Ex-Palästinenser nichts als bestmögliche Schätzungen, was die UNRWA selbst sagt. Über die Hälfte der registrierten palästinensischen Flüchtlinge lebt nicht in Lagern, sondern hat mehr oder weniger komfortable private Arrangements getroffen, die von erstklassigen Häusern oben auf der Skala bis zu selbst gebauten Notunterkünften ganz unten reichen. Die UNRWA schätzt, dass Ende Juni 1960 421.500 Flüchtlinge in Lagern lebten, fast doppelt so viel wie zehn Jahre zuvor. Der Vorteil des

Lagerlebens besteht darin, dass dort keine Miete bezahlt wird und dass der Standard der Unterkünfte und sanitären Einrichtungen für die Armen besser ist als der der einheimischen Bevölkerung.

Das internationale Personal der UNRWA, Amerikaner und Westeuropäer, ist klein; 128 Männer und Frauen arbeiten in vier Ländern. Die Masse derer, die den palästinensischen Flüchtlingen dienen, sind selbst palästinensische Flüchtlinge, etwa 10.000. Die UNRWA leitet so etwas wie einen kleinen Wohlfahrtsstaat, eine Welt für sich. Das Hilfswerk errichtet Dörfer, die Lager genannt werden, und hält sie sauber und frei von Krankheiten, verpflegt, unterrichtet, bildet Lehrer, Techniker und Handwerker aus, betreibt Kliniken und Mütterzentren, schickt Krankenschwestern in die Häuser, fördert kleine private Unternehmen mit Kleinkrediten, verteilt Kleidung, Seife, Kerosin und Decken und ermöglicht Krankenhausaufenthalte, Fußballspiele, Jugendclubs und Moscheen.

Die UNRWA agiert wie ein freundliches, unvoreingenommenes Elternpaar; es hat keine Lieblinge. Jedoch sind die Menschen zum Glück alle verschieden; und wenn ein Mann als mittelloser Flüchtling im Exil ankommt und mit der Zeit einen großen Chevrolet besitzt und ein selbstständiger Taxifahrer ist, mit einem gemütlichen Zuhause, einer lächelnden Frau in einem Blumenkleid und einem glänzenden Kühlschrank im Esszimmer, so wird ein anderer in irgendeiner Unterkunft bleiben, die die UNRWA ihm zuteilte, und entweder auf dem Boden sitzen oder an einem Cafétisch und auf nichts oder auf eine göttliche Intervention oder auf die versprochene, erlösende eiserne Faust Nassers warten. Die UNRWA erfand nicht die menschliche Verfassung.

Von den 58 Lagern der UNRWA besuchte ich acht – im Libanon, im Gazastreifen und in Jordanien. Der Plan und die Einrichtungen jedes dieser Lager sind gleich; sie unterscheiden sich nur in der Größe und sind besser oder schlechter je nachdem, ob sie neuer oder älter sind und wie sich die Menschen verhalten, die dort leben. Jedes Lager hat seine Klinik und Schule (oder Schulen), ein Lagerhauszentrum für die Verteilung von Rationen, »die Anlaufstelle für Zusatznahrung«, wo warme Mahlzeiten an Bedürftige ausgegeben werden, eine Dorfbasarstraße mit kleinen Läden, Marktständen und Cafés. Je größer das Lager, desto größer der Basar. Ich besuchte auch zwei Krankenhäuser und zwei Berufsschulen und wurde von Flüchtlingen in zwei Privathäuser eingeladen.

Mein Begleiter war ein UNRWA-Mitarbeiter, ein palästinensischer Araber, der, wenn nötig, als Dolmetscher fungierte. Meine Vorgehensweise: Zeigen Sie mir bitte Ihr bestes und Ihr schlimmstes Lager, und wenn die Zeit es erlaubt, lassen Sie uns auch einige dazwischen anschauen. In den Lagern klopfte ich an viele Türen. Nichts war geplant. Wir unterhielten uns aufs Geratewohl und gingen, wann immer ich wollte. Im Gazastreifen wurde ich einen Tag lang von einem jungen Palästinenser im Nadelstreifenanzug begleitet; er oder jemand wie er ist ein Kreuz, das jeder Fremde zu tragen hat. Er gehört zum örtlichen Geheimdienst, und die Flüchtlinge wissen das. Er ist ein glühender Nasser-Anhänger, wie es offensichtlich alle palästinensischen Regierungsvertreter in Gaza sind, oder muss zumindest so tun. In einem Gaza-Lager hatte ich neben diesem jungen Mann eine Eskorte von drei palästinensischen Polizisten, die dem Besuch eine noch schwerere Note verliehen. Ansonsten gab es keine Zensur. Ich habe vielleicht einen wahren Querschnitt der palästinensischen Flüchtlingspopulation gesehen oder auch nicht. Ich weiß aber, dass ich Menschen aus Fleisch und Blut traf und eine große Anzahl von ihnen, und ich weiß, was sie sagten. Wenn im Folgenden das Wort *sie* auftaucht, meint es diese Araber, die ich sah, niemanden sonst.

Beirut ist eine schöne, schnell wachsende Stadt, eine bezaubernde Mischung aus Kleinasien und Frankreich mit einer herzerfrischenden Kulisse und vielen glamourösen Hotels. Mein palästinensischer Begleiter und ich fuhren in einem blitzblanken Wagen zu einem UNRWA-Lager in den libanesischen Hügeln. Mein Reiseführer war wie seine Kollegen, die mich anderswo begleiteten, der Leiter einer Abteilung des UNRWA; er trug einen westlichen Geschäftsanzug und gab sich als selbstsicheren Verwaltungsmann aus der Mittelklasse. Die Flüchtlinge sind nicht nur Individuen, sondern sie kommen auch aus sehr verschiedenen sozialen Verhältnissen. Männer aus der Klasse meines Begleiters würden nicht in Flüchtlingslagern leben; es mag sein, dass sie dort als Ärzte oder Lehrer arbeiten.

Dieses Lager war ausschließlich von christlichen Arabern bewohnt. Ich wunderte mich laut über die Trennung nach Konfessionen. Mein Begleiter war ein Moslem und meinte, dass christliche Lager immer sauberer und den muslimischen Lagern überlegen seien, und außerdem lebten nur sehr wenige Christen in Lagern; sie gestalteten ihr Leben lieber allein.

Das Lager bestand aus kleinen Beton- oder Holzhäusern, die über den Abhang verstreut waren, ein Dorf mit armen, aber fröhlichen Menschen. Es war gerade Mittagspause, und Scharen von Kindern, gekleidet in Schürzenuniform, wie sie Jungen und Mädchen in italienischen Schulen tragen, schlenderten nach Hause und verabschiedeten sich freundlich kichernd. Sie sind hier römisch-katholisch, aber die jungen Lehrer sind Flüchtlinge, keine Priester. Sie müssen die Kinder über Palästina unterrichten, denn die meisten von ihnen haben das Land nie gesehen und die Ältesten können sich nicht mehr daran erinnern. Den Kindern wird Hass beigebracht, Mörder hätten den Garten Eden gestohlen, und ihre Pflicht sei es, ihr Leben für Rache und Rückkehr zu geben.

Die weiße Miniklinik hatte nur eine Patientin, eine hübsche Frau von einundzwanzig, die ihr viertes Baby zu einer Untersuchung gebracht hatte. Ihr Mann arbeitet in Libyen; sie hat auch dort einige Jahre gelebt, ist aber zurückgekehrt. Libyen ist sehr teuer; hier kann sie bei ihren Eltern wohnen und so Geld für die Zukunft sparen. Die Krankenschwester, eine vollbusige ältere Frau, sagte mir, sie hätten kaum wirklich Kranke; im letzten Sommer hätten Kinder eine leichte Bindehautentzündung und Durchfall bekommen; oh, nein, ein Trachom sei sehr selten, und außerdem behandeln wir es; im Moment gebe es ein paar Fälle mit Windpocken. Mein Begleiter erklärte, dass ein Flüchtling, wenn er eine Operation braucht, mit einem Sanitätswagen in ein Krankenhaus in Beirut gebracht wird, wo die UNRWA Betten reserviert hat und für alles bezahlt; man muss im Libanon schon wohlhabend sein, um eine so schnelle und gute Behandlung zu bekommen. Ihr viertes Baby, sinnierte ich, und sie ist erst einundzwanzig. Ja, sagte mein Begleiter, die Flüchtlinge haben eine höhere Geburtenrate als andere Araber, und sie haben gesündere Kinder.

Flüchtlinge bekommen eine monatliche Grundnahrungsration aus Mehl, Hülsenfrüchten (getrocknete Erbsen, Bohnen, Linsen), Zucker, Reis, Öl und Fetten; das ergibt 1500 Kalorien pro Tag und Person, im Winter wird die Ration auf 1600 Kalorien erhöht, und das ist nicht genug. Der Flüchtling muss Wege finden, um Geld für Lebensmittel zu verdienen, oder Geflügel oder Kaninchen halten oder Gemüse anbauen. Viele haben hier winzige Gärten angelegt, aber aus Freude an der Sache pflanzen sie auch Blumen. Es gibt eine tägliche Milchration für Kinder und schwangere und stillende Mütter; und in der »Anlaufstelle für Zusatznahrung« werden auf ärztliche Anweisung den Bedürftigen warme Gerichte serviert. In diesem Lager, sagte mein Begleiter, haben 85 Prozent der Menschen Arbeit. Bei Notfällen, wenn etwa niemand Geld nach Hause bringt, schaltet sich die Sozialabteilung der UNRWA ein. Das gilt für alle Lager.

»Wenn Sie es für Ihre Pflicht halten«, sagte ich zu meinem Begleiter, »alles besser aussehen zu lassen, als es ist, tun Sie es nicht. Ich bin nicht auf einer Inspektionsreise. Ich möchte nur eine Vorstellung davon bekommen, wie das Lagerleben wirklich ist.« Offensichtlich gekränkt, blieb er mitten auf dem steinigen Weg stehen und erklärte: »Hier im Libanon geht es 80 Prozent der Flüchtlinge besser als früher in Palästina. Zwanzig Prozent nicht. Sie waren Kleinkapitalisten, und nun gibt es eine starke geschäftliche Rivalität mit Libanesen, die ihnen Steine in den Weg legen. Außerdem verwehren sie den Flüchtlingen die Staatsbürgerschaft, weil die meisten von ihnen Muslime sind, und das würde hier, wo die Christen regieren, das Gleichgewicht stören. Ich spreche nicht von den reichen palästinensischen Flüchtlingen; sie sind reicher als zuvor und sehr zufrieden.«

Wir statteten dem Lagerleiter den üblichen Höflichkeitsbesuch ab. Jeder Lagerleiter amtiert als Dorfbürgermeister; er muss den Laden am Laufen halten, als Verbindungsmann zum örtlichen UNRWA-Hauptquartier dienen und sich um die Beschwerden seiner Leute kümmern. Ich saß mit meinem Begleiter, dem Schulleiter (ein früheres Mitglied der palästinensischen Polizei) und dem Lagerleiter in seinem ordentlichen Büro und führte das erste der dann fast täglichen absurden Gespräche.

»Die arabischen Länder marschierten 1948 in Israel ein, um die palästinensischen Araber davor zu retten, von den Juden massakriert zu werden.«

»Gab es Massaker? Wo?«

»O ja, überall. Schrecklich, schrecklich.«

»Dann müssen Sie viele Verwandte und Freunde verloren haben.«

Diese Schlussfolgerung wird kurzerhand als lästig beiseitegeschoben.

»Israel überschritt die Waffenstillstandslinien und stahl unser Land. Wir gingen aus Angst. Wir haben ein Recht auf unser Eigentum, das 47 Millionen Pfund an Gewinn einbringt. Wenn wir unser eigenes Geld hätten, bräuchten wir nichts von der UNRWA. Unser eigenes Geld ist viel mehr. Wir müssen nicht dankbar sein für das bisschen Geld, das für uns ausgegeben wird. Wir sollten unser eigenes haben.«

»Dann wollen Sie natürlich zu Ihrem Eigentum und nach Israel zurückkehren?«

»*Nicht* nach Israel. Niemals nach Israel. In unser eigenes Land, in unsere Gegend.«

»Aber akzeptierten die Juden nicht die Teilung, während die palästinensischen Araber und die arabischen Regierungen sie verweigerten?«

»Ja, ja. Und England protegiert die Juden. Ein Araber wurde verhaftet, wenn er eine Waffe trug, nur um sich zu verteidigen, aber Juden konnten mit Panzern durch die Straßen fahren und nichts geschah ihnen. Und dann gab England den arabischen Staaten zu verstehen, dass sie Israel angreifen könnten.«

Dann sprach der Schulleiter: »In unserer Schule unterrichten wir die Kinder ab der ersten Klasse über ihr Land und darüber, wie es ihnen gestohlen wurde. Ich erzähle meinem siebenjährigen Sohn davon. Sie werden sehen: Eines Tages werden ein Mann von 80 und ein kleines Kind, alle, alle werden mit Waffen in den Händen heimkehren und ihr Land mit Gewalt zurückerobern.«

Nach dieser kriegerischen Mitteilung gingen wir. Mein Begleiter schien bis zu diesem kleinen Treffen ein nüchterner, zufriedener Mann zu sein, danach klang er wie ein Politiker, der auf Teufel komm raus für ein Amt kandidiert. Dann erstaunte er mich erneut.

»Es kann alles mit Geld gelöst werden«, sagte er. »Jetzt haben die Menschen nichts als Worte. Also reden sie. Auch Geld füllt die Münder. Wenn jeder Mann als Entschädigung für den Verlust seines Landes tausend Dollar für jedes Mitglied seiner Familie bekäme und er Bürger in einem arabischen Land seiner Wahl sein könnte, würde er nicht mehr an Palästina denken. Dann könnte er ein neues Leben beginnen und wohlhabend und zufrieden sein. Und diejenigen, denen wirklich etwas in Palästina gehörte, müssten dafür bezahlt werden. Aber es gibt nicht viele. Die meisten hatten nichts, nur ihre Arbeitskraft.«

Hoch oben auf einem Berggipfel mit einem weiten Ausblick hinunter auf Orangenhaine und das satinblaue Mittelmeer befindet sich ein kleines muslimisches Lager mit dem Namen Mia Mia. Hier ist auch ein ganzes palästinensisches Dorf gelandet; sie kamen von einem Berggipfel in Galiläa, einem Ort namens Meron. Ihr Dorfvorsteher, der Muhtar, traktierte uns im Wohnzimmer seines Exils mit Coca-Cola und türkischem Kaffee. Er ist ein schlanker, schöner Mann, etwa sechzig Jahre alt, mit ausgezeichneten Manieren. Er trug die hübsche weiße arabische Kopfbedeckung, die mit dem üblichen schwarzen doppelten Kordelring befestigt war, ein cremefarbenes Seidenjackett, ein weißes Seidenhemd, eine gebügelte Flanellhose und polierte schwarze Schuhe.

Während wir Coca-Cola durch Strohhalme saugten und die erbärmlich schlechten, aber liebevoll ausgeführten Bilder seines Sohnes – ein Porträt von Nasser; Christus und die Jungfrau – betrachteten, redete der Muhtar. Siebzehn Menschen seines Dorfes seien massakriert worden, deshalb seien sie geflohen, aber eine blinde alte Frau von 104 sei zurückgeblieben, und die Juden hätten sie mit Kerosin übergossen und lebendig verbrannt. Wie konnten sie das wissen, wenn sie doch alle geflohen waren? Nun, als die Juden weg waren, seien einige Dorfbewohner zurückgeschlichen und hätten die Frau gefunden, und außerdem hätten auch Mitglieder der United Nations Truce Commission* die Leiche gesehen.

Mein Begleiter wirkte verlegen. Die Waffenstillstandskommission war ein heikler Punkt. Es war kaum zu glauben, dass die Militärbeobachter der UNO, die mit Armeen und Grenzen beschäftigt waren, Zeit gehabt hätten, jede angebliche Gräueltat in dem Land zu untersuchen. Ich fragte mich, wo die Familien der Ermordeten und Verbrannten waren; in einem Dorf kennt jeder jeden, und sicher waren die überlebenden Verwandten die besten Zeugen.

»Ich könnte Ihnen viele solcher Geschichten erzählen«, sagte der Muhtar.

* Organisation der Vereinten Nation zur Überwachung des Waffenstillstands, gegründet 1946, eine noch andauernde Friedensmission der UNO im Nahen Osten (A.d.Ü.)

»Da bin ich mir sicher«, erwiderte ich. »Aber erzählen Sie mir bitte etwas über Meron.«

So hörte ich von Meron, ihren schönen Steinhäusern, ihren lieblichen Hainen, ihrem glücklichen Leben in Eden; alles nun verloren. Ich konnte mir durchaus diesen Aristokraten in einem Palast auf einem Berggipfel vorstellen und beschloss, dass ich später dorthin fahren und sein Haus sehen würde, aber für den Moment begnügte ich mich mit einer Rose, die er mir überreichte, und wir brachen auf, um das Lager zu besuchen.

Eine Frau von etwa 40 mit einem Gesicht wie der beste und saftigste Apfel und lebhaften Augen ergriff meine Hand und zog mich in ihr Haus. Sie begann eine gestenreiche Rede zu halten. Mit Verachtung berührte sie die Zimmerdecke und riss Stückchen heraus; sie rief den Himmel als Zeuge ihres Elends an. Ihre Stimme stieg und fiel in herrlichem Rhythmus. Sie genoss, was sie tat, und ich genoss es, ihr zuzuschauen.

Entzückt lächelten wir uns an, während sich die Leidensgeschichte entfaltete, bis die Frau es nicht länger aushielt, in lautes Gelächter ausbrach und mich heftig küsste. Meinen Begleiter schien all das übermäßig zu bedrücken, vielleicht auch, weil wir an diesem Tag zu dritt waren; ein europäischer UNRWA-Funktionär hatte sich uns angeschlossen. »Sie ist eine große Lügnerin«, sagte mein Begleiter, als wir ihr Haus verlassen hatten. »Sie lügt, während sie atmet. Wir haben ihr all das Material für ein neues Dach gegeben. Sie hat es verkauft. Sie ist so arm, und doch will sie dieses Jahr nach Mekka pilgern. Sie muss das nicht tun. Wissen Sie, was das kostet? Eintausend Pfund.«

In der libanesischen Währung sind das ungefähr 350 Dollar – ein Vermögen.

»Ach, sie ist eine schlechte Frau.«

»Mir gefiel sie«, sagte ich. »Sie ist einer meiner Lieblingstypen in der Welt. Eine wirklich lustige, aufrichtige Schwindlerin. Ich hoffe, sie hat eine wunderbare Zeit in Mekka.«

»Aber ihr Dach müssen wir trotzdem reparieren«, bemerkte der UNRWA-Funktionär.

Unter den Menschen, die uns folgten, war mir ein großer Junge von sechszehn oder siebzehn Jahren mit schönen, klugen Augen, einem strahlenden Gesicht und einem frischen weißen Hemd aufgefallen. Ich sprach ihn auf Englisch an, und er verstand mich; ich fragte ihn, ob wir seine Familie besuchen dürften. Sein Haus war nicht größer als die anderen, aber sauber und friedlich, und machte mit den ordentlichen Möbeln und den Ansichtskarten an den Wänden einen anrührenden Eindruck. Seine Mutter war blind vom grauen Star, und seine Großmutter schien älter als die Zeit zu sein, aus einer Generation, in der es noch Tattoos auf den Wangen gab.

Der Junge hatte die höhere Schule abgeschlossen und arbeitete nun als Leiter der Essensausgabe in dem großen Lager (14.000 Bewohner) im Flachland. Er musste sehr kompetent und zuverlässig sein, um diesen Job zu bekommen. Er hoffte, Radio- und Fernsehtechniker zu werden. Er sprach kein Palästinensisch. Er wollte arbeiten, wo immer es möglich war. Die UNRWA baut jetzt eine berufsbildende Schule im Libanon; sie soll im Herbst eröffnet werden. Mit etwas Glück wird dieser

Junge die technischen Fähigkeiten erwerben, die er sich so sehr wünscht, und sein eigenes Leben führen, unabhängig von irgendjemandes Almosen.

Wir hörten die schrillen Schreie eines Kindes und gingen in Richtung des Lärms. Ein Kind von etwa zwei Jahren war mit den Fußgelenken an einen Stuhl gebunden und stieß heulend immer wieder dasselbe Wort aus. Ein anderes Kind versuchte still, seinen Körper aufrecht zu erhalten, indem es sich an der Armlehne eines Stuhls festhielt. Auf einem sauberen Laken auf einer sauberen Matte wand sich ein Baby ruhelos hin und her, aber seine Beine lagen still. All drei Kinder sahen bemerkenswert gut und wohlgeformt aus.

Der Lagerleiter hatte einen kurzen, aber lauten Wortwechsel mit der jungen Mutter und berichtete: »Sie ist fünfundzwanzig. Keines ihrer Kinder kann seine Beine bewegen, sie sind zu schwach. Das Kind ist angebunden, weil es aus dem Haus kriechen und sich verletzen kann. Sie bittet Sie um Hilfe.«

Auf Französisch, das dort niemand verstand, sagte ich zu dem UNRWA-Funktionär: »Die Frau kann ohne weiteres noch fünf oder sechs Kinder wie diese bekommen. Das ist schrecklich für sie. Die Krankenschwester sollte sie beim nächsten Hausbesuch über Geburtenkontrolle aufklären.«

»Sie wissen nicht, was Sie sagen. Die UNRWA könnte dieses Thema nicht anrühren, nicht einmal erwähnen. Hier sind diese Menschen, und der Name ihres Landes existiert nicht mehr auf der Landkarte. Wenn wir anfingen, über Geburtenkontrolle zu sprechen, würde man uns vorwerfen, wir versuchten, auch das Volk auszulöschen. Außerdem würden die Männer das nie zulassen. Sie wollen viele Söhne haben; für sie ist es eine Frage des Stolzes. Und Politik spielt wie bei allem auch eine Rolle. Ich habe sie sagen hören: Wir müssen viele Kinder haben und wachsen und unsere Anzahl vergrößern, so dass uns die Welt nie vergessen wird.«

»Sie machen das gut, nach dem zu urteilen, was ich gesehen habe.«

»Etwa 30.000 Babys pro Jahr.«

Als der Lagerleiter uns zum Wagen begleitete, bemerkte er, dass niemand hier Arbeit habe. Er hielt eine kurze Rede auf Englisch; er war ein sehr netter, sanfter Mann. »Alles, was die Männer hier tun, ist im Café sitzen und leiden. Ein junger Mann sieht, wie die Zeit vergeht, und schnell wird er alt. Wenn ich nicht die Hoffnung auf mein Land hätte, würde ich den Verstand verlieren.«

Auf unserer Fahrt nach Beirut sagte der UNRWA-Funktionär: »Achtzig Prozent der Männer in jenem Lager arbeiten. Es ist ein ziemlich wohlhabendes kleines Lager.«

»Lügen sie einfach so aus Spaß?«, fragte ich müde nach einem langen Tag.

»Nun, uns gegenüber ist das klar. Wenn sie zu viel verdienen, werden sie von den Rationslisten gestrichen. Wenn sie einen bestimmten Betrag überschreiten, verlieren sie den Anspruch auf die Vergünstigungen. Kostenlose Medikamente, ärztliche Behandlung und Ausbildung. Daher wollen sie natürlich nicht, dass wir etwas erfahren.«

»Wie Nicht-Flüchtlinge dem Finanzamt gegenüber?«

»Genau.«

»Wissen Sie denn, wieviel sie verdienen?«

»Nicht wirklich. Wie könnten wir? Natürlich, wenn jemand eine feste Beschäftigung hat, erfahren wir es schließlich und kürzen die Zuschüsse.«

Die Flüchtlinge in und außerhalb von Lagern finden irgendeine Arbeit; andernfalls wären sie bei 1500 Kalorien pro Tag längst unterernährt und krank. Die Gesundheitsstatistik der UNRWA ist zuverlässig; sie wissen, wie viele ihre medizinischen Dienste nutzen, aus welchem Grund und mit welchem Ergebnis. Der Gesundheitsstandard ist ungewöhnlich hoch und eine der größten Leistungen des Hilfswerks.

Auf der Ebene unterhalb von Mia Mia ist das Land, wo zuvor nichts wuchs, grün von Zitronenhainen und Bananenplantagen. Das ist das Werk der Flüchtlinge, wofür man ihnen sehr dankbar sein sollte. Flüchtlinge, die in Palästina in Städten wohnten, suchen eher Stadtjobs: Taxifahrer, Angestellte, Kaufleute. Was immer die offizielle Einstellung ist, all diese Menschen versuchen, ihren früheren Status wiederzugewinnen, unter der allgemeinen Erschwernis, ganz von vorn zu beginnen, ausgenutzt zu werden und mit den etablierten Einheimischen konkurrieren zu müssen. Außerdem leben sie in einem Teil der Welt, wo Armut eine endemische Krankheit und es schwer ist, ein gutes Leben zu führen, wenn man nicht in eine Familie mit Silberlöffeln hineingeboren wurde.

Unvermutet verkündete mein Begleiter: »Es gibt keine Verbrechen in den Lagern. Keine Diebstähle, keine Brände, keine Blutrache. Es ist dort viel besser, als es in Palästina war. Sie wissen, dass sie alle Zuflucht suchen. Es gab vor einiger Zeit einige Morde, auch eine Vergewaltigung. Das ist normal. Aber seitdem keine Verbrechen mehr.«

Und das scheint zu stimmen. In allen Lagern enthielt das Exil eine wertvolle Lektion: Wie man friedlich und gesetzestreu zusammenlebt.

Um den Gazastreifen zu betreten, benötigt man ein Militärvisum von der ägyptischen Regierung in Kairo. Als ich in der Stadt ankam, hatte ich erwartet, direkt weiter nach Gaza fahren zu können, wurde aber von dem örtlichen UNRWA-Pressesprecher darüber informiert, dass es zwei oder drei Wochen dauern könnte, um diese Erlaubnis zu erhalten, und manchmal bekomme man sie nie. Außerdem gab es nur ein Armeeflugzeug der UNEF,[1*] das jeden Samstag nach Gaza fliegt und ungern irgendjemanden außer ihrem eigenen Personal mitnimmt; es war bereits Donnerstag, und morgen war der muslimische Sonntag, so dass es in der Tat hoffnungslos erschien. Ich sah schon die Jeepfahrt durch die Sandstürme der Wüste voraus, um irgendwie in den Gazastreifen hineinzukommen; aber erst einmal wandte ich mich an die ägyptischen Behörden.

Wegen des muslimischen Feiertags, der Anzahl der benötigten Passfotos und der Büros, zwischen denen ich hin- und herlaufen musste, dauerte es fast vier Tage, um das Visum zu bekommen, und ich genoss jede Mi-

* United Nations Emergency Force. Eine bewaffnete Einsatztruppe der Vereinten Nationen, die den Frieden zwischen Ägypten und Israel sichern sollte. (A.d.Ü.)

nute. Die ägyptischen Beamten hätten nicht freundlicher sein können, und es gefiel mir, sie zu sehen, die neue herrschende Klasse, die mich mit ihrer fröhlichen, unaufgeregten Geschäftigkeit an herrschende Klassen erinnerte, die ich über die Jahre in vielen Ländern beobachtet hatte. Es fällt schwer zu glauben, dass diese freundlichen jungen Männer in Uniform oder Hemdsärmeln mit ihren Telefonen, den zahlreichen Anrufern, den Bergen von vervielfältigten Formularen und ihren Tassen mit türkischem Kaffee irgendetwas zu tun haben mit der Prahlerei, der Fremdenfeindlichkeit und dem antisemitischen Hass, die die Presse und Atmosphäre in dieser faszinierenden Stadt vergiften.

Der Gazastreifen musste nach allem, was man hörte, ein wahres Höllenloch sein. Er ist ein fast rechteckiges Stück Land an der südlichsten Mittelmeergrenze Israels, etwa 40 Kilometer lang und fünf bis zehn Kilometer breit, und 365.000 Menschen,[2 *] Einheimische und Flüchtlinge, leben dort. Ich stellte mir eine langgestreckte Sanddüne vor, vollgepackt mit Menschenfleisch, glühend heiß, scheußlich und dreckig. Es ist nichts von alledem. Das Wetter war so idyllisch – ein kobaltblauer Himmel und eine ständige kühle Brise –, dass ich annahm, einfach besonderes Glück zu haben, und fragte die reizende Frau, bei der ich wohnte.

Nein, das Wetter sei immer so herrlich. Sie lebte seit 30 Jahren dort; es gebe zwei »schwüle« Wochen im Sommer, ansonsten könne man kein milderes Klima finden. Beim Flug über den Gazastreifen hatte ich viel

* 2014 betrug die Zahl über 1,8 Millionen. (A.d.Ü.)

Sand, aber auch viel Grün bemerkt. Überall sind Zitronenhaine, und meine Vermieterin erzählte, dass Gaza berühmt dafür sei, und seitdem die Flüchtlinge kamen, sei viel Land kultiviert worden. Alles wächst hier, sagte sie und zeigte auf ihren blühenden Garten.

Dann sagte ich, dass die Stadt Gaza ein Bienenstock an Aktivitäten sein müsse – mit all den Soldaten der UNEF, Dänen, Norwegern, Indern, Kanadiern und Jugoslawen, die an der Grenze zwischen Israel und Gaza patrouillieren und in ihrer Freizeit Geld in der Stadt ausgeben, den Ägyptern, die die palästinensischen Beamten beaufsichtigen, den UNRWA-Mitarbeitern, Besuchern, den Einwohnern und natürlich den Flüchtlingen. Sie schienen Wohlstand zu bringen; es war höchst rätselhaft.

Überhaupt nicht, sagte meine Vermieterin, wir wissen nicht, warum wir nicht völlig bankrott sind. Sie war aber gerade dabei, auf ihr ohnehin geräumiges Haus noch einen dritten Stock zu bauen, so stark ist die Nachfrage nach Unterkünften. Ziemlich große Villen werden in dem offensichtlich modernen Viertel von Gaza gebaut. Der Hauptplatz trumpft mit einem Aufgebot an Mercedes-Limousinen, pastellfarbenen amerikanischen Wagen mit Heckflossen und bescheideneren Volkswagen auf. Die Taxis in Gaza sind neu. Es gibt ein imposantes Filmtheater in dem wie überall auf der Welt hässlichen Stil aus Chrom und Plüsch, unzählige Cafés und viele schlecht beleuchtete schmuddelige Läden. Ein Ökonom könnte dieses Rätsel sicher beantworten: Wenn niemand Geld hat, was tun dann all diese Kaufleute und Dienstleister?

Die Flüchtlingslager sind viel größer als die im Libanon, Kleinstädte nach nahöstlichen Maßstäben. Es handelt sich keineswegs um luxuriöse Einrichtungen, aber in amerikanischen und europäischen Slums leben viele Menschen in einem übleren Zustand. Die armen Dorfbewohner von Gaza sind nicht so gut untergebracht oder versorgt wie die Flüchtlinge. Der Gazastreifen ist kein Höllenloch, kein offensichtliches Unglück. Es ist schlimmer, das Land ist ein Gefängnis – mit einem zauberhaften weißen Sandstrand, einer ständigen Brise und engagierten Sozialarbeitern der UNRWA, die sich um die Gefangenen kümmern.

Der Gefängniswärter ist die ägyptische Regierung. Aus eigenem Interesse erlaubt sie den Flüchtlingen nicht, diesen schmalen Streifen Land zu verlassen. Mag sein, dass die Flüchtlinge nicht weggehen wollen, zumindest nicht für immer, aber jeder würde, wenn er seit dreizehn Jahren innerhalb von 248 Quadratkilometern eingepfercht ist, Platzangst bekommen. Einem Bruchteil der Flüchtlinge, die nachweisen können, dass sie anderswo Jobs haben, werden Ausreisevisa bewilligt. Die einzige offizielle Zahl der Abgereisten beträgt weniger als dreihundert von den 255.000 registrierten Flüchtlingen. Es erscheint unglaublich. Gerüchten nach schaffen es mehr Flüchtlinge, auf unbekannten Wegen illegal hinauszukommen.

Diese eingeschlossenen Menschen – viel zu viele auf viel zu engem Raum – können keine angemessene Arbeit finden. Natürlich ist dort die Chance auf eine Beschäftigung geringer als in den anderen »Gastländern«. Unterdessen sind sie dem ständigen Lärm der ägyptischen Propaganda ausgeliefert. Kein Wunder, dass Gaza die Heimatbasis der ausgebildeten paramilitärischen Gruppen ist, die von den Ägyptern und Palästinensern Kommandos, von den Israelis Gangster genannt werden – die *Fedajin*, deren Aufgabe es ist, unbemerkt in Israel einzudringen und Morde und Sabotageakte zu begehen. Und auch nach der erneuten, so verheerenden Niederlage durch Israel 1956 hat sich die verbitterte Mentalität der Eingeschlossenen nicht verändert; im Gegenteil, die Redner sind noch blutrünstiger geworden.

Ein weiteres absurdes Gespräch, fast schon eine öffentliche Versammlung, fand im Büro des Leiters zweier benachbarter Lager statt, der für etwa 29.000 Menschen verantwortlich ist. Er saß, während er mit mir redete, hinter seinem Schreibtisch. Der junge Geheimdienstmann, der stille Palästinenser von der UNRWA, mein ständiger Begleiter, und drei höherrangige uniformierte Polizisten vervollständigten die Gesellschaft.

Zuerst erzählte mir der Lagerleiter, wie reich sie alle in Palästina gewesen seien, wieviel Land sie alle besessen hätten und wie elendig es ihnen jetzt gehe. Ich bezweifle keinen Moment, wieviel Land einige von ihnen einst besaßen oder wie reich einige von ihnen waren, wies aber nicht auf diesen feinen Unterschied hin: Wenn angeblich *jeder* Land besaß, dann hätte Palästina die Größe von Texas; wenn *jeder* so reich gewesen wäre, wäre das Land größtenteils von Millionären bevölkert gewesen. Die Vergangenheit zu vergolden, ist nur menschlich, wir alle tun es; und sie mit massivem Gold zu überziehen, ist noch menschlicher, wenn man ein Flüchtling ist. Dieser Teil seiner Rede war mir bereits so vertraut, dass ich ihn an seiner Stelle hätte aufsagen können.

Dann sprach er über Jaffa, seine Geburtsstadt: Die Juden kreisten die Stadt ein, feuerten von allen Seiten; sie ließen nur einen Fluchtweg über das Meer. Nur die sehr Alten und die sehr Armen blieben und wurden getötet. Arabische Flüchtlinge erzählen viele unterschiedliche Versionen der Jaffa-Geschichte, aber die Frage lautet: Wo sind die Verwandten derjenigen, die im Bombenhagel umgekommen sein müssen – die unfehlbaren Zeugen? Niemand sagt, er sei mit vorgehaltener Waffe auf einen Lastwagen (oder ein Boot) geladen worden; niemand berichtet, dass er von bewaffneten Juden aus seinem Haus vertrieben worden sei, niemand erinnert sich an zusätzliche Bedrohungen während der Flucht. Der Anblick von Toten, die Schrecken der Flucht sind Erinnerungen, die diejenigen, die sie haben, niemals vergessen. Auch Araber würden gewiss nicht solche Erinnerungen vergessen oder unterdrücken, wenn sie sie hätten.

Die Araber, die in Jaffa zurückgeblieben sind – 3000 von ihnen – leben in Frieden und Wohlstand.

»Die Juden sind Verbrecher«, fuhr der Lagerleiter mit lauter werdender Stimme fort. »Mörder! Sie sind die schlimmsten Verbrecher auf der ganzen Welt.«

Hatte er je von Hitler gehört?

Er schlug auf den Schreibtisch und rief: »Hitler war weitaus besser als die Juden.«

»Ein weitaus besserer Mörder? Immerhin brachte er sechs Millionen Juden um«, bemerkte ich.

»Tat er nicht. Das ist doch alles übertrieben. Außerdem führten die Juden Hitler hinters Licht. Sie sorgten insgeheim dafür, dass er einige wenige von ihnen – Alte und Schwache – tötete, damit die anderen nach Palästina emigrierten.«

»Sechsunddreißigtausend«, sagte der Geheimdienstmann bestätigend, »kamen vor dem Krieg aus Zentraleuropa hierher.«

»Das ist erstaunlich«, sagte ich. »Ich habe noch nie zuvor irgendwo gehört, dass die Juden mit Hitler vereinbarten, sie zu töten.«

»Es war ein Geheimnis!«, rief der Lagerleiter. »Die Dokumente sind gefunden worden. Jeder weiß das. Sie wurden veröffentlicht. Die Juden arrangierten das alles mit Hitler.«

Es gibt eine Grenze für das Ausmaß an Absurdität, das man ertragen kann, daher schlug ich vor, dass wir das Lager besuchen. Ich klopfte aufs Geratewohl an eine Tür, bevor der Lagerleiter die Möglichkeit hatte, mich irgendwohin zu bugsieren. Zwei junge verheiratete Paare wohnten dort. In einer Ecke an der Hofmauer stand eine Gruppe von Besucherinnen, schweigende arabische Frauen in ihren anmutigen blauen langen Kleidern, ihre Gesichter hinter weißen Kopfschleiern versteckt. Die älteren Frauen trugen über der Stirn Silbermünzen an Ketten; das sieht sehr hübsch aus und soll auch Augenkrankheiten verhindern. Es gab keine Möglichkeit, mit den Frauen ins Gespräch zu kommen, sondern einer der Ehemänner ergriff sogleich das Wort.

Der junge Geheimdienstler dolmetschte.

»Es ist die Schuld Amerikas, dass dies geschieht, denn sie helfen den Juden. Wir wollen nur, dass Amerika uns hilft, zurück in unser Land zu gehen.«

»Wie?«, fragte ich. »Durch Krieg?«

»Wenn die Araber vereint sind, werden wir den Krieg führen.«

»Was wollt ihr dann von uns? Waffen für diesen Krieg?«

»Nein, wir wollen, dass ihr aufhört, Waffen und Geld an Israel zu liefern. Gerade erst hat Kennedy Israel 25 Millionen Dollar für Waffen gegeben.«

»Ich glaube nicht, dass die US-Regierung je Waffen an Israel gegeben oder verkauft hat. Was ist mit den Waffen, die Nasser von Russland und der Tschechoslowakei bekommt?«

»Das ist in Ordnung. Das ist etwas anderes. Sie sind friedliebende Nationen. Sie wollen nur den unterentwickelten Ländern helfen.«

Der Geheimdienstmann fügte hinzu:

»Amerika hat uns Waffen angeboten, aber mit Bedingungen. Wir akzeptieren keine Bedingungen. Also nehmen wir Waffen von den östlichen Ländern, die keine Bedingungen stellen.«

»Was machen Sie beruflich?«, fragte ich den dicken jungen Ehemann.

»Nichts.«

»Was würden Sie gerne tun?«

»Soldat sein und gegen Juden kämpfen.«

Diese Worte fanden den Beifall der Umstehenden.

»Mögen Sie alle Nasser?«, fragte ich höflich.

Breites Lächeln. Allgemeine Freude.

»Aber ja. Natürlich. Er wird uns vereinen und uns stark machen. Er ist unser Führer.«

Um mich ein wenig zu erholen, ging ich zusammen mit Tausenden Einheimischen zum Schulsporttag. 50.000 Kinder gehen im Gazastreifen zur Schule, 98 Prozent der gesamten Schulpopulation. 2000 Kinder versammelten sich in Gazas großräumigem Stadion. Von den ganz Kleinen mit Barett und orangefarbenen Uniformröcken bis zu kräftigen Jungen in Turnhosen. Sie defilierten vorbei an dem Gouverneur von Gaza, der auf der Zuschauertribüne stand, angeführt von Mädchen in bunter Kluft, die die palästinensische Flagge darstellten. Der menschlichen Flagge folgten die Brownies, Pfadfinderinnen und Pfadfinder, Turnerinnen und Turner. »Wir haben sie alle eingekleidet«, sagte ein englischer Funktionär der UNRWA.

»Diese Show kostet uns etwa 2000 Dollar, aber das ist es wert. Sie gibt den Kindern etwas, auf das sie sich freuen können. Sie alle lieben diesen Tag.« Ihre stolzen Familien applaudierten der Show. Die Kinder marschierten steifbeinig und mit ernstem Gesicht (»Wie die britische Armee«, bemerkte ich. »Wie die ägyptische Armee«, sagte mein Begleiter).

Dann stellten sie sich in Reih und Glied auf, und aus einem Lautsprecher dröhnte etwas auf Arabisch. Dreimal riefen die Kinder eine einstimmige, piepsige, aber begeisterte Antwort auf die kommandierende männliche Lautsprecherstimme.

»Was bedeuten die Hochrufe?«

»Der erste lautet: ›Lang lebe ein freies Palästina‹«. Der zweite: ›Lang lebe die Vereinigte Arabische Republik.‹[3*] Und die dritte: ›Lang lebe Gamal Abdel Nasser‹«.

Ich blieb und sah mir die weißgekleideten Turnerinnen an, die anmutig wie Isidora Duncan schwingende Bewegungen mit blauen Gazetüchern vollführten.

Die berufsbildende Schule in Gaza besteht aus frisch gestrichenen Gebäuden mit gepflegten Rasenflächen, Blumenrabatten, geschrubbten, spartanisch eingerichteten Schlafsälen und beeindruckenden Werkstätten, die mit allen Maschinen ausgerüstet sind, von denen das moderne Leben abzuhängen scheint. Die Jungen waren an diesem Nachmittag, einem Feiertag, auf dem Sportplatz und markierten weiße Linien für verschiedene Sportereignisse. Einige von ihnen kamen zu mir und wollten mir stolz jede Ecke ihrer Schule zeigen. Gefiel es ihnen hier, mochten sie ihre Arbeit, waren sie glücklich? Überflüssige Fragen: Die Antworten ließen ihre Gesichter strahlen. Die Absolventen dieser Schule finden gute Jobs, für die sie ausgebildet sind; neben den vielen anderen Elternfunktionen betreibt UNRWA ein Vermittlungsbüro für den ganzen Nahen Osten. Diese Schulabgänger bilden die neue Generation, und man findet sie überall in der Welt der arabischen Flüchtlinge. Sie sind noch nicht verkrüppelt vom Exil, von Reue oder Hass, und vielleicht werden sie die klügsten Bürger der arabischen Zukunft sein. Sie sind die Quelle aller Hoffnungen.

* Gemeint ist Ägypten, das offiziell »Arabische Republik Ägypten« heißt. (A.d.Ü.)

Als ich mich einmal auf dem Bürogelände des Hilfswerks verlief, traf ich auf eine hübsche, dunkelhaarige Sekretärin, die mir eine persönliche Geschichte, die interessanter ist als alle anderen, erzählte. Im Jahr 1956, als Israel während des, wie sie sagen, Sinai-, oder wie wir sagen, Suez-Feldzugs den Gazastreifen einnahm, wurde die Telefonverbindung zwischen Gaza und Israel wiederhergestellt. Inmitten der feindlichen Besatzung rief die Schwägerin der Sekretärin von einer Kleinstadt in Israel an, wo sie lebte. Sie berichtete, dass es ihnen allen gut gehe, sie hätten ein schönes Haus und keinerlei Probleme. In Erinnerung an jenes Telefongespräch sagte die Sekretärin: »Ich denke, wenn wir alle geblieben wären, wo wir waren, wäre uns nichts passiert. Es wäre zu all dem hier nicht gekommen. Und wofür? Meine Kinder haben Palästina nie gesehen. Ich erzähle ihnen davon; in jeder Schule hören sie ständig darüber. Aber wenn sie erwachsen sind? Die Menschen, die Palästina kannten, werden sterben, und die jungen Leute – wird sie das noch interessieren?«

Ein anderes Gespräch fand im Nähzentrum statt. Es ist eine weitere »Lagererfindung« der UNRWA und trägt sich selbst. Solche Nähzentren bilden Schneiderinnen aus und lehren neue Anwendungen für die traditionelle palästinensische Stickerei – riesige Tischdecken, Serviettensets, Blusen und Röcke, die zu guten Preisen an einheimische Kunden und städtische Fachgeschäfte verkauft werden. Hunderte Flüchtlingsmädchen verdienen etwas und langweilen sich weniger, während sie ein Handwerk lernen. Das Zentrum in Gaza wurde von einer umtriebigen, fröhlichen Palästinenserin geleitet. Die junge Managerin zeigte mir schwere Tischtücher (wer von uns besitzt so etwas und wie bekommt man sie gewaschen?), und sie lobte ihre Mädchen, die stickend auf einer langen Veranda saßen und sich geschmeichelt fühlten.

Es war so klar, als ob sie ein Schild trügen, aber ich fragte trotzdem. »Sie sind glücklich, nicht wahr?«

»Ich habe einen netten Ehemann, zwei Kinder und ein behagliches Haus. Mir gefällt meine Arbeit sehr; sie ist sehr interessant. Ja, wir sind glücklich.« Und sie lächelte. Mit so einem Lächeln ist die Welt nicht verloren, nicht einmal im Gazastreifen.

Die meisten der christlichen arabischen Flüchtlinge leben verstreut in gemieteten Privathäusern um die Stadt Gaza. Einige wenige christliche Familien baten um freies Regierungsland am Rande eines muslimischen Lagers und um die übliche kostenlose Zuteilung an Baumaterialien von der UNRWA, borgten sich zusätzlich Geld und bauten ihre eigenen Häuser mit gepflegten kleinen Gärten. Mein UNRWA-Begleiter, selbst ein griechisch-orthodoxer Araber, nahm mich mit zu einem Besuch in einem dieser hübschen selbst gebauten Häuser. Es gehört einer Familie, die er noch aus Jaffa kannte.

Die alte Mutter war halbblind; das Wiederauftreten von Augenkrankheiten ist ein im Nahen Osten verbreitetes Leiden, nicht typisch für Flüchtlinge. Mein Begleiter und diese Familie hatten sich seit einiger Zeit nicht gesehen, und gleich nach der ersten Begrüßung fing die alte Frau aus unheilbarem Kummer an zu weinen. Mein Begleiter tröstete sie sanft, so als hätte er das zuvor schon oft getan. Er erklärte, diese Familie habe eine große Tragödie erlitten. Einer ihrer Söhne sei in Jaffa durch Granatfeuer getötet worden.

Ich berichte das, weil dies die einzige Familie war, die ich traf, die einen Toten zu beklagen hatte, der während der Besetzung umgekommen war. Hier war endlich eine unfehlbare Zeugin; und hier wurde der Tod eines 13-Jährigen betrauert, als wäre es erst gestern geschehen. Mein Begleiter verhielt sich, als wäre dieser Fall einzigartig und verdiente das ganze Mitleid, das jeder für diejenigen fühlt, die im Krieg ein geliebtes Familienmitglied verloren haben.

Ich verließ Gaza und wünschte, ich könnte all die jungen Menschen mit mir nehmen, nicht nach Palästina, sondern hinaus in die weite Welt. Ihr Schicksal sollte es nicht sein, rückwärts, sondern vorwärts zu gehen. Sie brauchen genau das Gegenteil dessen, was die Juden brauchen. Es gibt genug Platz für beide Bedürfnisse.

Offiziell leben über 600.000 palästinensische Flüchtlinge in Jordanien, mehr als in den anderen drei »Gastländern« zusammen. Aber rechtlich gesehen gibt es keine Flüchtlinge in Jordanien. Sie sind jordanische Staatsbürger und haben alle Rechte, Privilegien und Möglichkeiten, die ein geborener Jordanier hat. Viele der palästinensischen Jordanier sind mit ihrem Leben zufrieden – trotz der Einschränkungen, die ein heißes, karges, unterentwickeltes Land all seinen Bewohnern auferlegt.

Ein Großteil der Kargheit und Armut hätte durch ein Projekt für die Nutzung des Wassers aus dem Jordan behoben werden können. Eric Johnston, der als Präsident Eisenhowers Sonderbeauftragter den lebenspendenden Plan umsetzen sollte, berichtete: »Nach zweijähriger Diskussion stimmten Technikexperten aus Israel, Jordanien, Libanon und Syrien in allen wichtigen Details eines einheitlichen Jordan-Plans überein. Aber im Oktober 1955 wurde er bei einem Treffen der Arabischen Liga aus politischen Gründen abgelehnt.«

Nach den Flüchtlingen zu urteilen, die ich in Jericho, in Lagern außerhalb Jerusalems und in Jerusalem selbst sah, befördert der Segen der Staatsbürgerschaft die geistige Gesundheit. Das emotionale Klima unterscheidet sich in Jordanien deutlich von dem im Gazastreifen. Ein Schuldirektor erklärte, dass die Kinder die Geschichte Palästinas »ohne Politik« lernen. Was das genau bedeutet, vermag ich nicht zu sagen. In Jordanien zeigten sich die Bildung und die Selbstständigkeit eines Flüchtlings sofort in seiner politischen Einstellung. Die gebildeteren und fähigeren Köpfe verschwenden ihre Zeit nicht mit Gedanken an gewaltsame Rache und sind dem jordanischen König Hussein treu ergeben. Die Ungebildeteren und Unfähigeren sind leidenschaftlich für Nasser, Krieg und Rückkehrphantasien.

Zwei Männer, die Tür an Tür in einem Lager bei Jerusalem wohnen, illustrieren treffend diesen Unterschied in Persönlichkeit und politischer Überzeugung. Der Lagerwächter, der in einem neuen kleinen UNRWA-Haus lebte, in dem leere Sardinenbüchsen auf dem Boden herumlagen, mit einem schmutzigen Hof, und wo die Betttücher aus Lumpen bestanden, verkündete: »Wir wurden mit Gewalt vertrieben, und mit Gewalt werden wir zurückkommen. Angeführt von Nasser,

König Hussein und allen arabischen Führern.« Sein Nachbar, ein alter Mann, hatte den steinigen Boden um sein Haus sauber gemacht und einen blühenden Gemüsegarten angelegt. In seinem Hof konnte man sich kaum zwischen den Leinen mit trocknender Wäsche bewegen. Er sagte kein Wort über Krieg oder Gewalt oder arabische Führer. Er erklärte, dass er lieber verhungern als seinen Enkeln keine Schulbildung geben würde. »Solange ich lebe und arbeiten kann, wird mein Enkelsohn zur Universität gehen.«

Das größte Lager in Jericho wird von einem Despoten geleitet, doch in seiner Sauberkeit erinnert es an die Schweiz. »Ich gab ihnen 6000 Bäume«, sprach er in seiner Eigenschaft als Gott. »Vor fünf Jahren wollten die Muhtars [die Dorfvorsteher] mich daran hindern. Sie sagten: Wenn die Menschen Bäume pflanzen, wollen sie nie wieder heimkehren.« Nun wachsen die Bäume über die Mauern, die die kleinen Häuser voneinander trennen, und mehr Bäume sollen gepflanzt werden. Einundzwanzig Brunnen sorgen für den unerschöpflichen Zufluss von Wasser. 40.000 Menschen leben hier in soliden Häusern unter dem gestrengen Blick des Despoten. Auf den Straßen spielen Kinder.

»How is your name? Are you well? Good bye! Good night! Hello, leddy [lady]!« Die Kinder umkreisten mich und plapperten; der Lagerleiter versuchte grob, sie wegzuscheuchen. Ein Junge, entschlossen, zu Wort zu kommen, beschenkte mich mit einem ganzen englischen Satz.

Er nahm mich mit zu sich nach Hause: vier luftige Zimmer (an den Wänden standen Stühle für Besucher), ein sauberer Hof, über den seine Mutter mit heiterem Gesicht präsidierte. Sie war sehr stolz auf ihren Sohn, der allein in einer fremden Sprache mit einem ausländischen Gast sprechen konnte. Er erzählte mir langsam von seinem Leben, seiner Familie und seinen Ambitionen. Er war dreizehn und hatte zwei Jahre lang in der Schule Englisch gelernt. Nie zuvor hatte er mit irgendjemandem außer seinem Lehrer Englisch gesprochen. Nach dieser Begegnung besuchte ich in einem anderen Lager einige Englischklassen, um das Wunder bei seiner Entstehung zu beobachten. Der Junge wollte Lehrer werden.

»In diesem Land?«, fragte ich und erwartete den Aufschrei: »Nein! In meinem Land! Palästina!«

»Nein, nicht hier, in Jerusalem oder Amman.«

So begriff ich endlich, dass »Land« Stadt oder Dorf bedeutet; wenn die arabischen Bauernflüchtlinge über ihr Land sprechen, sprechen sie über ihr eigenes Dorf, ihren Geburtsort. Die Gedanken des Jungen gingen nicht weiter als bis zu den Großstädten des einzigen Landes, das er kennt. Das oberste Ziel der besten Schüler ist es, Lehrer oder Arzt zu werden. Lehrer und Ärzte werden überall auf der Welt gebraucht, und die arabische Welt benötigt sie ganz besonders.

Jordanien hat auch eine Berufsschule, und ihre Schüler sind so glücklich und hoffnungsvoll wie die in Gaza. Hier kam ich mit einer Klasse angehender Klempner zusammen, eine weitere Gruppe von Bürgern, die die Welt gut gebrauchen kann. Sie waren sehr vergnügt in ihrer blauen Arbeitskleidung und voller Pläne für die Zukunft. Einer wollte nach Kuwait, ein anderer nach

Amerika gehen. Ein Junge sagte, er würde gerne in Palästina als Klempner arbeiten. Der Jüngste und Kleinste von ihnen sagte mit einer seltsam klugen Stimme – gelangweilt und abweisend zugleich: »Ach, das wird alles sehr lange dauern.« Keiner von ihnen zeigte Interesse genug, sich weiter darüber auszulassen.

Der einzige Ort, der so aussah, wie ich es ursprünglich erwartet hatte, befand sich im jordanischen Teil Jerusalems, dem ehemaligen Ghetto. Juden hatten in diesen lichtlosen Rattenlöchern vegetiert, waren eingepfercht zwischen den alten Steinen, und zwar länger als man sich vorstellen kann; seit dreizehn Jahren ertragen arabische Flüchtlinge das gleiche scheußliche Leben. Dies ist ein mittelalterliches Elend; nichts Dergleichen existiert in der modernen Welt.

Aus einem übelriechenden Durchgang sprang ein sauber gekleideter, hübscher Junge in die gepflasterte Gasse. Er nahm den Arm seines Lehrers, der an jenem Tag zufällig mein Begleiter war. Er war der Musterschüler seiner Klasse. Wo konnte er überhaupt lernen? Auf der Straße, sagte der Junge, irgendwo draußen. Er kennt kein anderes Zuhause als nur ein einziges feuchtes Zimmer, ein Verlies, wo er mit seinem bettlägerigen Großvater, seinen Eltern und einem Bruder wohnt.

»Alle Jungs von hier sind gute Jungen«, sagte der Lehrer, und seine Stimme verriet sein Erstaunen. »Und sehr witzig.« Er meinte »intelligent«, wie ich später herausfand.

Kannte der UNRWA-Direktor diesen abscheulichen Slum? Nein, behauptete der Lagerleiter. Ich machte mich sogleich auf herauszufinden, warum die UNRWA es zuließ, dass Menschen in so erbärmlichen Zuständen leben. Ich erfuhr, dass der Direktor innerhalb von zwei Wochen nach Antritt seines Amtes das Jerusalemer Ghetto besucht hatte. Die UNRWA hatte zu verschiedenen Zeiten versucht, diese Flüchtlinge woanders unterzubringen, doch sie wollten weiterhin innerhalb der Stadt wohnen bleiben. Aber nun, da ihre Geburtenrate so stark gestiegen war, waren sie mehr als bereit zu gehen, und sie würden im Laufe des Jahres in einem neuen Lager außerhalb Jerusalems angesiedelt. Es gab zwei ähnlich schreckliche Flüchtlingsslums in den »Gastländern« – beide sah ich nicht; dies waren die einzigen Orte mit unmenschlichen Lebensbedingungen, aber es war nicht die Schuld der UNRWA, dass sie fortbestanden. Sie sollten in nächster Zeit abgerissen werden.

Trotz aller Schwierigkeiten leitet die UNRWA einen Wohlfahrtsstaat; es existiert kein anderer im Nahen Osten. »Die Flüchtlinge haben ein Netz unter sich; die einheimische Bevölkerung nicht« (Zitat eines UNRWA-Funktionärs). Es gilt festzuhalten, dass das UNRWA-Personal seine arabischen Schützlinge liebt, was nicht nur richtig, sondern auch wichtig ist. Man kann nicht denen helfen, die man nicht wertschätzt.

*

Mit meinen gepackten Koffern und einem Kopf voller »verräterischer« Zweifel machte ich mich quer über die Straße auf nach Israel. Ich hatte mich nicht getraut, davon jemandem, einschließlich der westlichen UNRWA-Funktionäre, etwas zu erzählen: In Israel gewesen zu sein oder nach Israel zu gehen, reicht, um einen als Feind und – noch wahrscheinlicher – als Spion zu brandmarken. Die arabische Israel-Psychose (ein überladenes, aber nicht zu starkes Wort) ist offiziell und ansteckend. Es mag viele vernünftige Menschen in den arabischen Ländern geben, die fähig sind, ruhig über Israel und die arabisch-israelischen Beziehungen nachzudenken, doch offensichtlich ziehen sie die persönliche Sicherheit vor und halten ihren Mund.

Wenn man sich entschließt, von der jordanischen Seite Israels hinüber zur israelischen Seite zu gehen, beginnt die Welt der Träume. Du nimmst ein Taxi, fährst durch die Stadt auf ganz normalen Straßen, und plötzlich kommst du an einen jordanischen Grenzposten. Du wartest in einer kleinen Baracke, während dein Pass überprüft wird. Nach dieser Formalität trägt ein charmanter, höflicher junger Mann deine Koffer einen halben Block weit. Du gibst ihm ein Trinkgeld, und er stellt dein Gepäck auf der Veranda eines Hauses ab, das nicht mehr da ist. Artilleriefeuer beseitigte es vor Jahren. Um dich herum stehen von Granaten getroffene Häuser; die eine Seite der Straße gehört zu Jordanien mit lachenden Soldaten in den Ruinen; die andere Straßenseite mit zum Trocknen aufgehängter Wäsche ist bereits Israel. Du lässt deine Koffer zurück und gehst einen halben Block weiter. Nun bist du am israelischen Grenzposten, eine weitere Baracke. Wie die Überquerung des Unterweltflusses Styx ist dies eine Einwegreise. Wenn man Jordanien in Richtung Israel verlässt, kann man auf diesem Weg nicht zurückkehren. Die arabische Blockade Israels erstreckt sich auch auf ausländische Besucher.

Man müsste von Israel zu einem neutralen Territorium fliegen und die Einreise von vorn beginnen, vorausgesetzt, die Araber mögen einen noch nach einem Besuch in Israel.

Da man in kein arabisches Land hineingelassen wird, wenn man ein israelisches Visum in seinem Pass hat, verwahrt man es auf einem separaten Blatt Papier. Andere Nationen – unsere nicht – gewähren ihren reisenden Bürgern zwei Pässe. Nachdem die israelische Grenzpolizei deinen Pass geprüft hat, holt ein ebenso charmanter höflicher junger Mann, ein Israeli, dein Gepäck von der Veranda des nicht vorhandenen Hauses im Niemandsland. Du gibst ihm ein Trinkgeld, nimmst ein Taxi und fährst zu deinem Hotel. Von deinem Hotel in Israel hast du einen schönen Blick auf die Klagemauer und die Altstadt von Jerusalem, wo du dich noch eine Dreiviertelstunde zuvor aufhieltest.

Es herrscht kein Krieg, zumindest nicht nach unseren Begriffen. Das Ziel dieser Weder-Frieden-noch-Krieg-Übung ist es, Israel zu zerstören, aber es gelingt nicht. Ich kann nicht erkennen, wie dieses Verhalten den arabischen Ländern hilft, aber vielleicht brauchen sie einen gemeinsamen Feind als eine einigende Kraft, als Zement für ihren Nationalismus.

Ich wollte palästinensische Araber in Israel besuchen, die nicht geflüchtet waren. Wenn ich sie in ihrem Zuhause sehe, dachte ich, würde ich vielleicht die Mentalität ihrer Brüder im Exil besser verstehen. Ich hatte das Gefühl, dass ein wichtiger Hinweis fehlte, aber ich konnte ihn nicht benennen.

Der Fahrer meines Wagens auf der Reise durch Israel

war ein israelischer Jude, dort geboren, der Arabisch wie seine zweite Muttersprache sprach und witzigerweise so aussah wie Nasser. Ich erklärte ihm, dass ich das Dorf Meron auf einem Berggipfel in Galiläa besuchen wollte. Er sagte, es gebe in Meron einen antiken Tempel der Juden, das Grab eines berühmten Rabbis, eine Synagoge und eine Jeschiwa (die jüdisch-orthodoxe Entsprechung eines katholischen Seminars), aber seines Wissens sonst nichts. Fahren wir hin und finden es heraus, sagte ich. So fuhren wir Richtung Norden durch das Land, das ein Denkmal für den hartnäckigen, unermüdlichen Willen des Menschen ist. Im Jahr 1949 pflanzten die neuen Einwanderer emsig wie Ameisen Bäume: ihre erste Arbeit. Es sah aus, als ob sie Grashalme pflanzten, und schien ein bemitleidenswerter Glaubensakt zu sein. Inzwischen sind die Bäume gewachsen.

Es gibt zahllose Veränderungen in Israel, aber die arabischen Dörfer längs der Straße nach Nazareth haben sich nicht verändert. Die alten Häuser aus Lehmziegeln oder Feldsteinen klammern sich aneinander und vermehren sich. Sie sind pittoresk, primitiv und armselig, aber nicht für die arabischen Bauern. Für sie ist es die Art und Weise, wie es immer schon war, so gefällt es ihnen, und so wollen sie es beibehalten.

Wir fuhren hinauf auf den Berg. Zwischen der Synagoge und den heroischen Ruinen des zweitausend Jahre alten Tempels fanden wir tatsächlich das Dorf, die Heimat des »Aristokraten«, der mir auf einem Berggipfel im Libanon eine Rose geschenkt hatte. Es gab nicht mehr als zwölf Häuser in Meron. Der angebliche »Palast« des

Muhtars war ein langer schmaler Schuppen aus Stein mit einer hässlichen schmalen Veranda. Anstelle von Balken wurde sie von verrosteten Eisenbahnschienen gestützt. Die anderen kleinen Häuser waren aus honigfarbenen, unbehauenen Feldsteinen gebaut und hatten die traditionellen anmutigen Türen und Fenster. Im Inneren ähnelten die Häuser ärmlichen Ställen. Die reichen Felder und Haine, die die Flüchtlinge aus Meron beschrieben hatten, befanden sich auf den steilen Hängen, wo die Dorfbewohner Tabak und einige Obst- und Feigenbäume kultivierten. Zu ihrer Zeit hatte das Dorf weder Elektrizität noch Wasser; die Frauen trugen Wasser auf dem Kopf aus dem Flussbett am Fuß des Berges. Der Ausblick ist traumhaft schön. Meron ist nicht besser als ihr Flüchtlingslager Mia Mia, vielleicht noch nicht einmal so gut; aber die Erinnerung ist magisch, und Meron war ihr Zuhause.

Neben diesen hübschen Steinhütten erheben sich die Überreste eines großen Tempels. Die Granitblöcke in der fragmentierten Wand sind so massiv wie die in der Wand von König Salomos Tempel in Jerusalem. Die zerbrochenen Säulen sind riesig und ohne Schmuck, und plötzlich sind Samson und seine Zerstörung des Philistertempels real. Hier beteten die Juden vor zweitausend Jahren in einem neuen Tempel, und zweitausend Jahre sind nicht viel in der Geschichte der Juden oder dieses Landes. Und hier, mit Unkraut um die niedrigen Mauern, stehen die verlassenen Häuser der Nachfahren der fremden Krieger, der Araber, die in dieses Land kamen und es eroberten, als der Tempel über sechshundert Jahre alt und zweifellos bereits eine Ruine war. Waren die Dorfbewohner von Meron glücklich, als sie auf diesem Berg lebten, hielten sie ihn für ihr Eden? Und warum liefen sie weg? Der Krieg berührte diesen Ort nie.

Am 1. Januar 1960 lebten laut israelischer Statistik in Israel 159.236 Muslime, 48.277 christliche Araber und 22.351 Drusen, also ungefähr eine halbe Million Araber. Diese Zahlen werden inzwischen gestiegen sein, sind aber gut genug, um damit zu arbeiten. Die jüdische Bevölkerung, die hier aus allen Himmelsrichtungen zusammenkommt, betrug 1858.841. Diese unterschiedlichen Menschen leben auf einer Fläche von 22.000 km² aus Steinhaufen und Sanddünen, wobei ein Drittel Wüste ist. Die Drusen, eine nachislamische Sekte, sind ein Phänomen: Sie sind mit ihrer Situation zufrieden. Sie akzeptieren die Juden, vertrauen ihnen und sind loyale Bürger Israels. Anders verhält es sich mit den dagebliebenen Arabern.

Auf meiner Reise besuchte ich ein christlich-arabisches Dorf nahe der libanesischen Grenze, ein muslimisch-arabisches Dorf in der Küstenebene nahe Akkon, zwei muslimische Dörfer an der jordanischen Grenze, eine neue muslimische Siedlung in der Nähe von Tel Aviv – die genaue Kopie einer neuen, von der Regierung errichteten jüdischen Siedlung – und einen römisch-katholischen Priester in der Kreuzfahrerstadt Akkon.

Mein Plan war, mich mit arabischen Schullehrern zu treffen, weil ich dachte, sie würden wahrscheinlich Englisch sprechen, gebildet sein, ihre Gemeinschaften gut kennen und über arabische Probleme nachgedacht haben. Araber haben in ihren Gemeinschaften auf ihren Wunsch eigene Schulen, wo die Kinder auf Arabisch nach arabischen Grundsätzen unterrichtet werden. Nissim, mein Fahrer, sollte als Dolmetscher fungieren, bis ich einen Gesprächspartner gefunden hatte; er sollte sich dann zurückziehen. Ich wollte nicht, dass sich irgendjemand durch seine Gegenwart gestört fühlte. Diese Sorge hätte ich mir sparen können. Die Offenheit der Araber ist der Beweis ihrer Freiheit innerhalb des Staates Israel; sie sind kein bisschen eingeschüchtert.

Der Lehrer in dem christlich-arabischen Dorf war ein attraktiver junger Mann mit vorzeitig ergrauten Haaren. Er arbeitete in der Abendkühle im Garten seines neuen Hauses. Er hatte eine moderne junge Frau und nach sechsjähriger Ehe ein sechsmonatiges Mädchen mit dem Namen Mary. Er war gesund, geliebt, respektiert und übte frei seinen gewählten Beruf aus – in jeder Hinsicht ein glücklicher Mann. Nachdem ich ihm stundenlang zugehört hatte, erkannte ich endlich den fehlenden Hinweis, und ein Gefühl der Hoffnungslosigkeit überkam mich.

»Großbritannien half den Juden«, sagte er. »Die Engländer gaben den arabischen Ländern Waffen und uns auch. In diesem Dorf waren wir alle bewaffnet; jeder von uns schoss damals auf die Juden. Aber unsere Kugeln waren nicht gut; die Engländer gaben den Arabern schlechte Munition. Vier von fünf Kugeln trafen nicht. Als wir das sahen, flüchteten wir in den Libanon und kamen zwei Wochen später zurück.«

»Starb jemand bei diesen Kämpfen?«

»Nein, niemand. Ja, wir wehrten uns gegen die Teilung. Wir wollten hier keine Juden; wir wollten das ganze Land für uns, was nur recht ist. Verloren haben wir nur wegen der Vereinten Nationen und der westlichen Mächte. Das Osmanische Reich brach den Stolz der Araber. Nach dem Ersten Weltkrieg teilten die westlichen Mächte die Araber in viele Nationen auf, um sie schwach zu halten. Im Krieg von 1948 wurde das Nachbardorf von den Juden bombardiert. Als wir das sahen, wussten wir, dass es hoffnungslos war.«

(Eine Atempause: Die israelische Luftwaffe bestand zu der Zeit aus neunzehn Piper Cubs, ein nettes kleines Flugzeug, kein Bomber. Das nächste Dorf liegt etwa zwölf Kilometer entfernt.)

»Jetzt haben wir an den Grenzen Militärzonen. Wir müssen um Erlaubnis bitten, wenn wir reisen oder woanders arbeiten wollen. Durch die Militärzonen haben sie uns Land weggenommen. Ja, sie bezahlen dafür, aber sehr wenig.«

»Zu dem Preis in der Mandatszeit?[4*] Bevor das Land von den Juden verbessert wurde?«

»So in etwa. Nein, sogar weniger. Vor kurzem wurden zwei Jungen aus diesem Dorf an der libanesischen Grenze gefasst; die libanesische Polizei schickte sie zurück. Die Israelis halten sie fest und verhören sie. Wie können diese Jungen Spione sein?«

»Weiß ich nicht. Aber vergessen Sie nicht, dass sich die arabischen Länder im Krieg mit Israel befinden? Ich

* Das Völkerbundsmandat für Palästina wurde nach dem Zusammenbruch des Osmanischen Reichs 1920 an Großbritannien übertragen. (A.d.Ü.)

denke doch, dass es für die Juden schwer ist zu wissen, welchen Arabern sie trauen können.«

»Nun ja, 50 Prozent der Araber in diesem Land können sie nicht trauen.«

»Und wie sollen sie wissen, *welcher* Hälfte?«

»Ach, sie wissen alles. Sie haben einen Agenten in jedem arabischen Dorf. Er ist Jude, und jeder kennt ihn.«

»Wozu hat man einen Geheimpolizisten, wenn alle wissen, dass er ein Geheimpolizist ist?«

»Es gibt viele Spitzel. Ich weiß auch nicht, was Araber dazu bringt, Spione zu sein.« Er sagte das mit echter Verzweiflung.

»Es besteht Schulpflicht in diesem Land bis zum Alter von vierzehn. Das ist eine sehr gute Sache. Wir hatten das früher nicht. Aber die Muslime schicken ihre Mädchen nicht mal die Hälfte der Zeit in die Schule und die Jungen auch nicht, wenn sie etwas Geld verdienen. Und dann was? Die Strafe für den Vater beträgt fünf Pfund. Aber was sind schon fünf Pfund?«

»Wollen Sie wirklich, dass die Juden für Schulen und das Gesetz sorgen, das Schulbildung vorschreibt, und dass sie dann die Araber und Drusen zwingen, ihre Kinder in die Schule zu schicken und den Vorteil einer Bildung zu nutzen? Würde sie das nicht noch unbeliebter machen?«

Mit einem Lächeln gab er zu, dass das der Fall sein könnte, und fuhr fort:

»Nasser kauft Waffen von den Russen, weil er sie nicht vom Westen bekommen konnte. Ägypten hat 22 Millionen Menschen, also braucht es viel mehr Waffen als die zwei Millionen Israelis. Aber Nasser ist nicht verrückt; er will keinen Krieg führen. Er gibt für Sozialreformen genauso viel aus wie für Waffen. In den arabischen Ländern gehen nun alle Kinder in die Schule.«

»Haben Sie jemals die arabischen Länder besucht? Waren Sie in Ägypten?«

»Nein.«

Wir tranken mehr Kaffee, rauchten mehr Zigaretten. Ich machte mich auf weitere Aufklärung gefasst.

»Die arabischen Könige waren nicht die wahren Repräsentanten ihrer Völker, als sie den Krieg gegen Israel führten. Jetzt sollten alle Flüchtlinge zurückkommen, und wir sollten die Teilung haben.«

An dieser Stelle beschloss ich, klar Stellung zu beziehen und zu sehen, ob es zwischen uns irgendeine Übereinstimmung auf der Grundlage wechselseitig akzeptierter Fakten und Argumente geben könnte.

»Bitte haben Sie etwas Geduld mit mir und helfen Sie mir«, sagte ich. »Ich bin eine einfache Amerikanerin und versuche zu verstehen, wie die Araber denken, aber es fällt mir sehr schwer. Ich möchte einige Dinge auf die Reihe kriegen; wenn ich mich irre, korrigieren Sie mich. Im Jahr 1947 empfahlen die Vereinten Nationen die Teilung Palästinas. Ich habe den Teilungsplan studiert. Für mich sieht es nicht so aus, als ob die Araber um ihren Anteil an gutem Land betrogen worden wären. Die Idee war, dass diese Teilung funktionieren würde, wenn beide Seiten sie akzeptierten und unter einer Wirtschaftsunion lebten. Und natürlich müssten die arabischen Länder an den Grenzen friedlich und kooperativ sein, andernfalls würde überhaupt nichts funktionieren. Die Juden akzeptierten den Teilungsplan; ich denke, ihnen blieb nichts anderes übrig. Sie waren im Land zahlenmäßig etwa im Verhältnis zwei zu eins unterlegen, und dann waren da die arabischen Nachbarstaaten mit fünf regulären Armeen und über 40 Millionen Bürgern, die keine freundlichen Gefühle für sie hegten. Sind wir uns soweit einig?«

»Ja.«

»Die arabischen Regierungen und die palästinensischen Araber lehnten die Teilung kategorisch ab. Ihr wolltet das ganze Land. Das ist kein Geheimnis. Die Statements der arabischen Repräsentanten in der UNO sind aktenkundig. Die arabischen Regierungen haben nie die Tatsache verheimlicht, dass sie den Krieg gegen Israel begannen. Aber ihr, die palästinensischen Araber, stimmtet dem zu, ihr wolltet den Krieg. Und ihr dachtet, was mir einleuchtet, dass ihr gewinnen würdet, und zwar schnell. Es schien eine sichere Sache zu sein. Ihr seid das Risiko eingegangen und habt verloren. Ich kann verstehen, warum ihr seitdem nach Erklärungen für diese Niederlage sucht, denn sie erscheint unglaublich. Ich für meinen Teil akzeptiere eure Erklärungen nicht, aber das ist unerheblich. Entscheidend ist, dass ihr damals verloren habt.«

»Ja.« Es war höchst erstaunlich; endlich einmal stimmten Ost und West bei der Bedeutung von Wörtern überein.

»Jetzt sagen Sie, ihr wollt in die Vergangenheit zurückkehren; ihr wollt die Teilung. Sie sagen also, lasst uns die Niederlage und den Krieg vergessen, den wir begannen. Wir halten die Teilung nun doch für eine gute, vernünftige Idee. Ich möchte unbedingt Ihre Antwort auf folgende Frage wissen: Wenn die Situation umgekehrt wäre, wenn die Juden den Krieg begonnen und verloren hätten, wenn ihr den Krieg gewonnen hättet, würdet ihr nun die Teilung akzeptieren? Würdet ihr Teile des Landes aufgeben und erlauben, dass 650.000 jüdische Bewohner Palästinas – die vor dem Krieg geflohen waren – zurückkommen?«

»Sicher nicht«, sagte er, ohne auch nur einen Moment zu zögern. »Aber es hätte keine jüdischen Flüchtlinge gegeben. Sie konnten nirgendwo hin. Sie wären alle tot oder im Meer.«

Damit hatte er mir den fehlenden Hinweis gegeben. Das vornehme Wort, das wir heutzutage benutzen, heißt *Empathie* – sich einfühlen in andere. Ich hatte einzelne Flüchtlinge gemocht und bewundert, erkannte aber, dass ich keine allgemeine Empathie für die palästinensischen Flüchtlinge empfand, und wusste endlich warum – dank des netten grauhaarigen Schullehrers. Es ist schwer, sich um diejenigen zu sorgen, die nur um sich selbst kreisen. Es fällt schwer, die Mitleidlosen zu bemitleiden. Diejenigen, die laut nach Gerechtigkeit schreien, müssen unschuldig sein. Sie können nicht einen siegreichen Krieg gewünscht haben, dann allen anderen für ihre Niederlage die Schuld geben und schuldlos bleiben. Manche von ihnen mögen unglückliche Menschen sein, und die Zivilisation würde zusammenbrechen (wie es bekanntlich in Nazideutschland geschah), wenn die meisten Menschen sich nicht bewegen ließen, ihren leidenden Mitmenschen zu helfen. Aber es gibt einen tiefgreifenden Unterschied zwischen den Opfern eines Unglücks (es hätte auch mich erwischen können) und den Opfern von Ungerechtigkeit. Durch den Schullehrer wusste ich, welcher Seite meine Empathie gehörte.

»Verfolgen Sie den Eichmann-Prozess?«, fragte ich. Eine arabische Tageszeitung, Wochenzeitungen und Radiosender florieren in Israel.

»Ja. Jeden Tag.« Angewidert rümpfte er die Nase.

»Können Sie sich nicht vorstellen, dass alle Juden in Israel glauben, dieser Mord an ihrem Volk hätte verhindert werden können, wenn sie ein Heimatland als Zufluchtsort gehabt hätten? Denken Sie nicht, dass die Juden auch wussten, was Sie gerade gesagt haben: Von hier hätte es keine jüdischen Flüchtlinge gegeben – sie wären tot oder im Meer? Macht Ihnen das die Juden nicht ein wenig verständlich?«

Er zuckte mit der Achsel, er lächelte; mit diesen Gesten gab er mir stillschweigend recht, aber das war nur von geringer Bedeutung. Er redete weiter: »1948 waren die Araber nicht vereint; deshalb verloren wir. 1956 schlugen die Juden Nasser. Er wird nie Krieg führen. Aber wenn es hier in Israel fünf Millionen Juden gibt, werden sie Krieg führen, weil sie mehr Land brauchen.«

»Israel hat in etwa die Größe von New Jersey, einem Bundesstaat in Amerika. Dort leben sechs Millionen recht angenehm. Israel könnte ein Industriestaat werden, ein sehr nützlicher.«

»Nein, kann es nicht. Die arabischen Nationen werden das nicht zulassen. Sie werden mit Israel keine Geschäfte machen. Sie werden israelische Schiffe nicht durch den Suezkanal lassen. Sie werden Israel nicht anerkennen.«

»Es ist hoffnungslos«, sagte ich. »Im Laufe meines Lebens habe ich es immer wieder gesehen: Diejenigen, die mit Krieg drohten, haben ihn früher oder später vom Zaun gebrochen. Wenn es so zwischen den Arabern und Israelis bleibt, mein Freund, dann werden vielleicht wir alle – Sie, Ihre Frau und Mary, mein Kind, mein Mann und ich – das Privileg haben, in demselben dummen letzten Krieg zu sterben.«

Er dachte, ich machte einen merkwürdigen Witz. Er hat nie auch nur von fern einen wirklichen großen Krieg gesehen, er kann ihn sich nicht vorstellen. Er denkt, Krieg ist etwas, das ein paar Wochen dauert, in denen man mit schlechter Munition auf einen fernen Feind schießt, niemand wird getötet, wenn es brenzlig wird, verschwindet man ein Weilchen, kommt dann wieder zurück in sein unbeschädigtes Haus und führt ein gutes, ja materiell besseres Leben als zuvor. Keiner dieser Araber hat etwas Vergleichbares erlitten, das Überlebende eines modernen Krieges kennen; keiner kann sich eine solche Katastrophe vorstellen.

Der christliche Schullehrer schickte mich weiter zu einem Freund von ihm, einem muslimischen Schullehrer, in ein Dorf namens Masra nahe Akkon. Er war ein schöner junger Mann mit schwarzen Augen; er empfing mich in einem trostlosen Zimmer, an dessen Betonwänden ein hässlicher Schreibtisch, ein Kleiderschrank, einige Stühle und eine Liege standen. Er trug einen gestreiften Pyjama, hatte im Gesicht noch Spuren von Rasiercreme und gab sich entspannt und selbstbewusst. Wir kamen gleich zur Sache.

»Vor 1948 betrug die Einwohnerzahl von Masra 350, jetzt nur noch 200. Ihnen gehörte ein wenig Land, sie arbeiteten in den benachbarten Kibbuzim und in Fabriken in Akkon. Sie hatten immer gute Beziehungen mit den Juden. Niemand hier schoss auf Juden, und die Juden schossen nicht auf uns. Aber dann kamen 900 Flüchtlinge in unser Dorf.«

»Flüchtlinge?«

»Ja, Menschen aus diesen Dörfern.«

Er deutete durch die Tür über die Felder.

»Von Dörfern in der Nähe?«

»Ja, ja, diese Dörfer. Sie sind etwa sieben Kilometer entfernt.«

»Und Sie betrachten sie als Flüchtlinge?«

»Natürlich. Hier in der Nähe gab es keine Kämpfe, aber die Menschen hatten Angst, also flohen sie zu den drusischen Dörfern. Sie wussten, dass sie dort sicher sind, weil die Drusen mit den Juden freundlichen Umgang haben. Und danach kamen sie hierher. Die israelische Regierung will sie nicht zurück in ihre Dörfer lassen. Sie hat ihnen anderes Land angeboten, aber sie wollen es nicht. Vor dem Krieg schickte von diesem Dorf nur mein Vater seine Söhne in die Schule. Jetzt haben wir eine Schule mit 240 Kindern, 100 Mädchen und 140 Jungen. Jedes Haus hat einen Wasseranschluss und elektrisches Licht; damals gab es das nicht. Niemand besaß ein Radio; nun haben wir 100 Radios und sogar Kühlschränke. Die Leute bekommen gute Löhne.«

»Dann muss doch jeder glücklich sein.«

»Nein. Die Menschen sind nicht froh. Sie wollen zurück in ihre alten Häuser, selbst wenn es weder Licht noch Wasser gibt und sie kein Geld haben.«

Sie wussten, dass die Flüchtlinge in anderen Ländern »unter guten Bedingungen lebten«. Er hatte Brüder im Libanon und in Syrien, denen es gut ging. Woher wusste er das? Sie schreiben Nachrichten an eine israelische Radiostation, die sie sendet, und eine libanesische Radiostation schickt Nachrichten zurück; so hören sie Neuigkeiten von ihren Familien.

Aber, beharrte er, alle Flüchtlinge sollten zurückkehren und Israel sollte geteilt werden. Ich stellte ihm dieselbe Frage wie seinem christlichen Kollegen: Wenn die Araber den Krieg gewonnen hätten, würden sie die Teilung akzeptieren?

»Nein, niemals, natürlich nicht. Wir würden ein paar Juden hier als Immigranten leben lassen, aber sie wären nicht die Herren, in keinem Teil Palästinas.«

»Warum, glauben Sie, sind die Menschen überhaupt geflüchtet?«

Nun, es gab viel Angst. Alle wussten von Deir Yasin und erwarteten, dass das Gleiche ihnen geschehen würde. Innerhalb Israels brauchen oder benutzen die Araber die Flüchtlingsgeschichten über Massaker nicht; sie müssen keine Flucht erklären, da sie immer noch zu Hause sind. Sie wissen, was um sie herum geschah, und ihre Nachbarn wissen es auch, und daher sind solche Geschichten unnötig. Aber sie sprechen von Deir Yasin, wo am 9. April 1948 in jenem Dorf nahe Jerusalem ein wirkliches Massaker stattfand.

Bevor der offizielle arabisch-israelische Krieg am 15. Mai 1948 begann, hatte es Monat für Monat »Vorfälle«

gegeben. (»Seit der ersten Woche im Dezember 1947 breitete sich Unruhe in Palästina aus. Die Araber versicherten wiederholt, dass sie sich der Teilung mit Gewalt widersetzen würden. Sie schienen entschlossen zu sein, ihren Standpunkt durch Anschläge auf die jüdische Gemeinschaft in Palästina unmissverständlich klarzumachen« – Trygve Lie,[5*] *In the Cause of Peace*, 1954). Abgesehen von vereinzelten arabischen Angriffen und jüdischen Vergeltungsmaßnahmen, war bis zum Februar 1948 die »Arabische Befreiungsarmee« von Norden in Palästina eingesickert, und Jerusalem wurde bombardiert und belagert. Die Juden versuchten, die eingeschlossene jüdische Bevölkerung mit Lebensmitteln zu versorgen. Dabei wurden viele von ihnen getötet, in Jerusalem und anderswo, und nach Ansicht mancher Juden wurde nicht genug getan, um das zu verhindern oder zu rächen. Der Staat Israel existierte noch nicht; keine funktionierende jüdische Regierung konnte diese anarchische, tödliche Phase des unerklärten Krieges kontrollieren.

Zwei illegale Gruppen militanter Juden, die Stern Bande und die Irgun Zwai Leumi, hatten ihre eigenen Vorstellungen, wie man Feuer mit Feuer bekämpft. Die Briten betrachteten beide Organisationen als Terroristen. Die Jewish Agency und ihre Untergrundarmee, Haganah, die die offiziellen jüdischen Autoritäten in Palästina waren, lehnten die Stern Bande und die Irgun Zwai Leumi wegen ihrer Radikalität ab.

* Trygve Lie (1896-1968), norwegischer Rechtsanwalt und Politiker. War von 1946 bis 1952 der erste Generalsekretär der Vereinten Nationen. (A.d.Ü.)

Unter den Bedingungen, die sie hervorbrachten, scheinen sie sich nicht sehr von Widerstandsgruppen, Partisanen oder Kommandos zu unterscheiden. Sie alle wurden als Patrioten bewundert, und niemand von ihnen hielt sich an die Queensberry-Regeln.[6*]

Die Irgun Zwai Leumi jedenfalls verhielt sich wie verzweifelte Menschen im Krieg, nicht wie die Jahrtausenderben eines hohen Moralkodex. Das Dorf Deir Yasin lag in der Nähe des belagerten Jerusalem und an einer wichtigen Verbindungsstraße. Der Irgun zufolge war Deir Yasin ein Nest von Scharfschützen und bewaffneten Arabern, wo sich starke feindliche Kräfte konzentrierten. Im Alleingang entschied die Irgun, Deir Yasin anzugreifen. Ihr Anführer wurde durch Beschuss aus dem Dorf getötet; die Irgun-Kämpfer verloren die Nerven und erschossen gnadenlos jeden in Sichtweite. 250 Araber wurden getötet.

Bis heute können die Israelis nicht über die Schande von Deir Yasin hinwegkommen, vergessen aber, sich, die Araber und die Welt daran zu erinnern, dass Mord Mord erzeugt; und sie könnten eine lange Opferliste der Juden präsentieren, die vor und nach Deir Yasin während der Dämmerungsperiode des Terrors, die dem offenen Krieg vorausging, von Arabern getötet wurden.

Die Nachricht von Deir Yasin verbreitete sich durch das arabische Palästina wie das Läuten einer Totenglocke. Ihrem Moralkodex und ihrer Kriegspraxis gemäß muss Deir Yasin den Arabern als ein natürliches Vorzeichen der Zukunft erschienen sein. Sie beabsichtigten,

* Die Grundregeln des Boxsports (A.d.Ü.)

die Juden abzuschlachten; sollten die Juden siegen, würden sie fraglos die Araber massakrieren. Der christliche Schullehrer hatte darauf hingewiesen: Deir Yasin jagte einem Großteil der arabischen Bevölkerung Todesangst ein. In Panik flohen sie aus Palästina.

Da wir über Krieg sprachen, kamen wir zwangsläufig auf Nasser.

»Hier lieben sie Nasser. Alle lieben ihn. Er ist ein Araber. Sie glauben nicht, was er im Radio sagt – tötet die Juden, treibt sie ins Meer. Solange er das sagt, geschieht nichts. Es wird keinen Krieg geben. Irgendetwas anderes geschieht, aber nicht in naher Zukunft.«

Der christlich-arabische Schullehrer hatte mir von einem Priester in Akkon erzählt, den ich treffen sollte, aber ich konnte ihn nicht finden. Stattdessen orientierte ich mich am nächsten Kirchturm, zog an der Türglocke und wurde von einem rundlichen, riesengroßen Priester in einer braunen Soutane eingelassen. Er sah aus wie ein Araber, war aber Italiener. Er lebte seit fast dreißig Jahren in diesem Land und hatte gelernt, wie man überlebt: durch Lachen. Er lachte über alles, und es war ein großartiger Anblick: ein glucksendes Flusspferd.

Wir setzten uns auf die hartgepolsterten Besucherstühle, und er ließ sich sogleich über das Flüchtlingsproblem aus. Wenn es die Wahl zwischen einer großen finanziellen Entschädigung und der Rückkehr gäbe, würden nur fünfzig Prozent der Flüchtlinge zurückkehren, und die meisten von ihnen würden nicht lange bleiben. »Sie könnten es nicht ertragen, wie dieses Land regiert wird. Die Disziplin. Die Arbeit.« Die Flüchtlinge werden von den arabischen Führern und von der Propaganda ständig an Palästina erinnert. Warum bauen sie nicht Fabriken und organisieren Neuansiedlungen in den arabischen Ländern? (Die arabischen Regierungen wollen das nicht, Pater.) Man soll den arabischen Regierungen Geld geben und sie auffordern, sich an die Arbeit zu machen und das Ganze zu kontrollieren. (Wie?) Mit Gewalt. (Aber welche Gewalt, Pater?)

Er hat arabischen Priestern schon oft von den dreizehn Millionen Flüchtlingen erzählt, die von Ost- nach Westdeutschland kamen; sie wurden alle in Westdeutschland integriert und haben das Land bereichert. Warum sollte das nicht auch für die 800.000 Flüchtlinge in den arabischen Ländern, die groß und unterbevölkert sind, möglich sein? Aber es ist sinnlos: Araber haben nie etwas von anderen Flüchtlingen oder anderen Problemen als ihren eigenen gehört, und sie können darüber nicht auf eine praktische Weise nachdenken.

Das ganze Problem besteht zwischen dem Osten und dem Westen; die Araber fühlen sich wohl in der Mitte und versuchen, beide Seiten zu erpressen. Das würde aufhören, wenn sich die Ost- und Westmächte einigten oder der Westen vereint und stark wäre und seinen Willen den Beteiligten aufzwingen könnte. (Aber wie, Pater?)

»Ach wissen Sie, die Juden könnten genauso gut die Flüchtlinge zurückkommen lassen. Die Araber hier sind dem Staat gegenüber loyal.«

»Diejenigen, die ich getroffen habe, hassen die Juden und den Staat, Pater, und das wissen Sie.« Wie erwartet lachte er lauthals.

»Ja, ja, das stimmt, aber sie tun nichts. Es gibt keinen Widerstand, keinen Untergrund. Stellen Sie sich vor, was sie tun könnten, wenn sie es wirklich wollten, mit all den arabischen Ländern ringsum als Basis.«

»Manche Araber taten das über viele Jahre, Pater – bis 1956; schauen Sie sich die unzähligen Vorfälle an, bei denen die UNO-Polizei eingesetzt wurde, um Morde, Sabotage und Diebstähle zu untersuchen.«

»Ach, das war nichts, gar nichts, verglichen mit dem, was sie tun könnten, wenn sie es wirklich wollten.«

Lachend erzählte er von Arabern, die sagten: Zuerst werden wir den Sabbat abschaffen und dann den Sonntag. »Die Araber haben ihre Ideen nie geändert. Sie laufen herum und schauen die Frauen und die Häuser an, die sie in Besitz nehmen würden, wenn es ihnen gelänge, die Juden und Christen loszuwerden.« Wieder schüttelte er sich vor Lachen.

Ich fragte nach dem Eichmann-Prozess und den Reaktionen seiner römisch-katholischen Gemeindemitglieder. Nun, seine christlichen Araber meinten, Eichmann habe recht gehabt, denn die Juden waren die Feinde des deutschen Staates. Sie waren immer Staatsfeinde; die Pharaonen mussten sie aus Ägypten vertreiben, in Persien wurden sie nicht geduldet, König Ferdinand und seine Frau Isabella warfen sie aus Spanien raus. Niemand konnte gut mit ihnen auskommen, daher hatte Eichmann recht. (Entsetzt, sehr entsetzt sagte ich: »Das ist doch gewiss keine christliche Haltung gegenüber dem furchtbarsten Völkermord, den wir kennen?« Er fand es schrecklich komisch, dass ich von Arabern eine christliche Haltung erwartete.)

»Ich mag weder Araber noch Juden«, verkündete der Priester gutgelaunt, »aber ich diene ihnen mit ganzem Herzen, da ich es muss.«

Beim Abschied fragte er mich, ob es christliche Araber in den Flüchtlingslagern gebe. Ja, ich hatte ein Christenlager im Libanon gesehen.

»Das überrascht mich. Es können nur sehr wenige sein. Ich hätte erwartet, dass sie besser zurechtkommen. Sie träumen nicht die ganze Zeit. Sie haben mehr Kontakt zur Realität als die Moslems.«

Inzwischen kannte ich die arabische Sicht der Realität in- und auswendig: Zuerst erklären sie, dass sie den Krieg gegen die Juden *nicht* verloren haben; viele andere sind für die Niederlage verantwortlich. Dann prahlen sie mit ihrem gegenwärtigen materiellen Wohlergehen, als ob sie den Wohlstand erfunden hätten. In diesem Stadium sind die israelischen Juden nur Rauchfahnen; mit dem Aufbau des Landes hatten sie nichts zu tun. Trotzdem sind die Araber unglücklich. Obwohl sie es noch nie so gut hatten, ist es nicht gut genug, und schuld daran sind natürlich die Juden. Gewöhnlich sagen diese Araber, wie sehr sie Nasser lieben, und in ihrer Hingabe erinnern sie an die österreichischen Nazis vor 25 Jahren, als sie Adolf, den fernen Führer, priesen, aus dessen Händen alle Segnungen fließen würden. Was sie jetzt wollen, ist, die Flüchtlinge heimholen und den Staat teilen. Sie haben sich weder Gedanken über die praktische Umsetzung gemacht noch die Auswirkungen auf ihren neu gewonnenen Wohlstand bedacht.

Ich besuchte eine Schule in einem Dorf, wo der Wohlstand wie ein Hautausschlag ausgebrochen war – neue Häuser, Läden, ein Krankenhaus, eine höhere Schule, mehrere Grundschulen –, und die Lehrer ließen wie vorhergesehen ihre Tiraden los. Nachdem sie mir erzählt hatten, wie gut es ihnen ging, und mit ihrem Wohlstand geprahlt hatten, klagten sie, dass sie unglücklich und arm seien, weil sie früher 40.000 Dunams (10.000 Morgen) Land besessen hätten und nun nur noch 10.000 Dunams. Ein anderer Araber, ein Landwirtschaftsinspektor, der dieses Gespräch nicht mitbekommen hatte, erklärte, dass die 10.000 Dunams bewässert würden, was neu war, und außerdem würden sie wissenschaftlich bewirtschaftet und brächten daher weitaus mehr hervor als die 40.000 Dunams früher. Diesen Gesprächen zuzuhören, ist die Aufgabe eines Psychiaters, nicht einer Journalistin.

Ich sehnte mich nach meinem ruhigen Hotel in Jerusalem, aber Nissim, mein Fahrer, hatte zwei Herzenswünsche, und er war ein so netter Mann, dass ich sie ihm nicht verweigern konnte. Es gebe da eine »großartige Lady«, die ich unbedingt treffen müsse, eine Muslimin. »Sie, sie ganz allein gründete einen Verein muslimischer Frauen«, sagte Nissim. »So was gab es noch nie. Was für eine tapfere Frau. Sie treffen sich an einem Ort, lernen zusammen und hören Vorträge. Ist das nicht wunderbar?« Nissim war offensichtlich ein Frauenrechtler aus Überzeugung. Er wollte auch, dass ich ein neues Dorf mit von der Regierung gebauten Häusern besuche, die die arabischen Bürger mit niedrigen Mieten abbezahlen konnten. Nicht jeder hat die Möglichkeit, ein so schönes, preiswertes Haus zu besitzen, und Nissim – wie alle jüdischen Israelis – ist voller Stolz auf jede Verbesserung in seinem Land.

Zuerst besuchten wir die Dame, die in einer modernen Villa wohnte. Das Haus war nach Mittelklassestandards luxuriös, blitzblank und geschmacklos. Nissim fand es wunderbar. Die Hausherrin war jung, charmant, kam gerade von ihrer Arbeit als Lehrerin zurück und trug für den Nachmittag ein ärmelloses rotes Kleid. Sie sprach über ihren muslimischen Frauenverein, dessen Mitglieder zwischen 15 und 60 Jahre alt sind. Sie lernten Nähen, Kochen, Kinderpflege, hörten Vorträge und waren begeistert von ihrem Projekt. Als Frauenrechtlerin war ich hocherfreut. Aber dann begannen die vorhersehbaren Klagen. Die Bauern, sagte sie, hätten Arbeit und Geld und kümmerten sich um sonst nichts. Aber die gebildeten Menschen litten; sie bekommen diese ganze Ausbildung, aber nach dem Studium, was können sie tun?

Nur die üblichen Berufe, Geschäfte und ein paar werden ins Parlament gewählt, aber sie können keine Posten in der Armee bekommen. Ihr Ehemann, ein Apotheker, muss vier Busse nehmen, um seinen Arbeitsplatz zu erreichen, aber hier in diesem Dorf mit 8000 Menschen gibt es keine Apotheke. Warum eröffnen die Juden keine Apotheke?

»Wenn eine so dringende Notwendigkeit besteht, warum übernimmt Ihr Mann das nicht? Dies ist kein kommunistischer Staat; es gibt keine Gesetze gegen Privatunternehmen. Sie sind bekannte Leute, vollwertige und freie Bürger. Sie könnten bestimmt ein Darlehen aufnehmen, falls es nötig ist.« Man soll nicht über Klagen streiten; das zeugt von schlechten Manieren. Ihr Gesicht verfinsterte sich.

»Die Israelis sagen, dass sie keine Araber einberufen – außer den Drusen, die von sich aus darauf bestehen –, weil die einzigen Menschen, gegen die die israelische Armee je kämpfen würde, Araber sind. Mir erscheint das anständig, und es ist wohl auch eine angemessene militärische Sicherheitsmaßnahme. Wie würden sich Ihre Männer fühlen, wenn sie aufgefordert würden, gegen andere Araber zu kämpfen, die vielleicht ihre Blutsverwandten und erhofften Befreier sind? Denken Sie, es ist gut für einen Mann, einer Armee beizutreten, der er nicht uneingeschränkt dienen kann und die er verraten würde, wenn die Zeit käme? Für Spione mag das eine ausgezeichnete Arbeit sein, aber nicht für Soldaten.«

Sie öffnete ihr verschlossenes Gesicht, um zu sagen: »Ja, ich verstehe. Aber es ist *unser* Land.«

Es war zu heiß und vollkommen zwecklos. Außerdem hatte ich genug von der Anstandsregel, die offensichtlich von Nicht-Arabern verlangt, Araber zu behandeln, als wären sie neurotische Kinder, die entweder Wutanfälle bekommen oder innere Blutungen von Wunden der Seelen. Diese Frau kam mir nicht wie ein bemitleidenswerter Schwächling vor.

»Nur durch das Recht der Eroberung«, sagte ich. »Im siebten Jahrhundert. Die Juden kamen zuerst hierher, etwa zweitausend Jahre vor euch. Ihr habt lange Zeit nicht wie Herren in eurem Haus gelebt. Abgesehen von den Kreuzfahrern, hatten die Osmanen über vierhundert Jahre das Sagen, bis die Briten die Macht übernahmen. Nun haben die Juden ihr Land zurückerobert. Einer folgte auf den anderen«, sagte ich und fühlte mich so böse wie ein Araber. »Fair ist fair.«

»Wie war es?«, fragte Nissim, der im Auto gewartet hatte. »Sie ist in Ordnung, nicht wahr? Wenn man bedenkt, dass sie damit begonnen hat, muslimische Frauen zu unterrichten. Niemand hat das bisher gemacht.«

Israelis sind die ersten, die einem erklären (und wer wüsste es besser?), dass es schmerzvoll ist, eine Minderheit zu sein: Die Araber wurden über Nacht eine Minderheit. Es ist schlimm (und wer wüsste es besser als Israelis?), von den zahlreichen Mitgliedern seiner Familie getrennt zu sein, die man so dringend braucht. Israelis verstehen auch, dass die Araber in Israel innerlich zerrissen sind: Ihre ethnische Loyalität gehört den Feinden Israels, und sie haben Angst; wenn die arabischen Nationen Krieg gegen Israel führen, wie es regelmäßig im Radio von Kairo, Damaskus oder Beirut versprochen wird, was wird ihr Schicksal sein? Würden die Araber von außen sie, die Araber in Israel, als Kollaborateure, als Verräter ansehen?

Die emotionale Lage der israelischen Araber ist quälend (und diese Qual wird durch die arabischen Radiosender aufrechterhalten), obwohl sie materiell abgesichert und durch die Gleichheit vor dem Gesetz und durch einen fast übertriebenen Respekt vor ihren Gefühlen geschützt sind. Wenn die arabischen Nationen Frieden mit Israel schließen würden, wäre es möglich, dass die israelischen Araber sich entspannen und sogar

Unterstützer Israels werden könnten. Wenn nicht, dann nicht. Hört man israelischen Arabern zu, wird niemand mehr glauben, dass palästinensische Flüchtlinge jemals zufriedene oder loyale Bürger Israels sein werden.

Das neue Dorf, das Nissim so gefiel, besteht aus Reihen verputzter kleiner Häuser, die in Pastellfarben oder weiß mit bunten Balken gestrichen sind. Sie haben eine Veranda, zwei ziemlich große Zimmer, eine Küche, eine Toilette mit Dusche und einen kleinen Garten. Kein arabischer Arbeiter, den ich irgendwo im Nahen Osten traf, besitzt ein solches Haus, aber wenig überraschend, die Besitzer sind nicht zufrieden. Ein Junge von etwa vierzehn konnte Englisch; Jungen dieses Alters sind eine wertvolle Quelle – sie plappern, ohne nachzudenken, den Erwachsenen wie ein Papagei nach.

»Wir sind sehr arm«, sagte er.

»Wie könnt ihr arm sein und in diesen Häusern wohnen? Ihr müsst doch dafür bezahlen.«

»Wir müssen sehr hart arbeiten. Härter als zuvor. Schreckliche Arbeit. Wir haben kein Land.«

»War die Landwirtschaft keine schwere Arbeit?«

»Nein. Das war leicht. Nicht so wie jetzt.«

»Wie kommt deine Familie zurecht?«

»Mein Bruder arbeitet. In Tel Aviv. In einer Tankstelle. Das ist eine furchtbar harte Arbeit.«

Als wir wegfuhren, rannten die gesunden hübschen Kinder neben dem Wagen her und schrien. Ich winkte. Nissim schaute komisch drein, etwas stimmte nicht, der chronische Optimist wirkte traurig.

»Was ist los, Nissim?«

»Nichts. Nur diese Kinder ... was sie gerufen haben.«

»Und was haben sie gerufen?«

»Wohin du auch gehst, Mistkerl, wir spucken auf dich.«

Wozu, dachte ich, wozu, und wird das denn nie enden?

»Hasst du die Araber, Nissim?«

»Nein. Natürlich nicht.«

»Warum nicht?«

»Wozu soll Hass gut sein?«

In der Tat. Araber sind voller Hass, sie wälzen sich in Hass, sie atmen ihn. Juden führen die Hassliste an, und Ausländer sind hassenswert genug. Araber hassen sich auch untereinander, egal ob sie getrennt oder zusammen sind. Ihre Politiker ändern die Richtung ihres Hasses, so wie sie ihre Hemden wechseln. Ihre Presse mit den hasserfüllten Cartoons ist vulgär und niederträchtig; ihre Berichterstattung beschreibt, was immer an Hass ganz oben steht und gerade brauchbar ist. Ihre Radiosendungen sind ein langer Aufschrei des Hasses. Sie lehren in der Schule ihre Kinder Hass. Sie müssen den Geschmack von Hass lieben; er ist ihr tägliches Brot. Und was hat es ihnen gebracht?

Zukünftig sollten keine UNO-Gelder mehr ausgegeben werden, um Hass zu erzeugen. Man sollte Israel nicht länger drängen, Selbstmord zu begehen durch die Aufnahme eines tödlichen Heuschreckenschwarms von Feinden. Wir sollten sehr schnell unmissverständlich klarmachen, dass Nassers Lösung, der Heilige Krieg gegen Israel, keine Zukunft hat. Ein langes historisches Gedächtnis wird sich an die Sudetendeutschen und die

Tschechoslowakei erinnern. In einem neuen Umfeld übernehmen die palästinensischen Flüchtlinge die Rolle der Sudetendeutschen. Israel wird die Tschechoslowakei. Propaganda bereitet den Krieg für die Befreiung »unserer Brüder« vor. Ein Sieg über einen schwachen Feind in der Nähe [Israel] wird geplant als der erste entscheidende Schritt auf einer langen Straße der triumphalen Eroberung. Ein tausendjähriges muslimisches Reich, der afrikanische Kontinent beherrscht von Ägypten, das mag ein verrückter Traum sein, aber wir kennen verrückte Träume und verrückte Träumer. Wir können nicht vorsichtig genug sein. Das Echo von Hitlers Stimme ertönt erneut, diesmal auf Arabisch.

Zu unser aller Unglück, auch zum Unglück der Araber, treffen in den arabischen Nationen des Nahen Ostens die Unabhängigkeit und das 20. Jahrhundert gleichzeitig aufeinander. Viel muss auf einmal bewältigt werden, und sie handhaben es weder sicher noch vernünftig. Der Kalte Krieg hilft ihnen nicht; er fördert vielmehr den Wahnwitz.

Der Osten und der Westen behandeln die Araber mit nervöser Unruhe. Beide richten ihren Blick auf die geographische Lage der arabischen Staaten und die gewaltigen Mengen an Öl in den Wüsten. Sie beschwichtigen und bestechen, aber niemand kann den Arabern praktische Fakten vermitteln; es wäre zwecklos. Selbst den vernünftigsten arabischen Führern sind durch die offizielle Hasspolitik die Hände gebunden. Derzeit würde jede arabische Regierung, die auf eine schnelle, friedliche und günstige Lösung des palästinensischen Flüchtlingsproblems drängt, heftig attackiert werden. Die

Massen sind wie die arabischen Flüchtlinge seit dreizehn Jahren indoktriniert worden.

Längst hätten die palästinensischen Flüchtlinge in das Wirtschaftsleben der arabischen Länder integriert werden können – trotz der Feststellung des UNRWA-Direktors in seinem Bericht von 1960, dass für die Flüchtlinge in den arabischen Ländern keine Jobs existieren. Natürlich nicht; gäbe es sie, wäre der arabische Lebensstandard besser, als er jetzt ist. Die Jobs müssen geschaffen werden sowohl von den arabischen Ländern als auch von den Flüchtlingen. In demselben Bericht wird auch festgestellt, dass die Mehrheit der palästinensischen Flüchtlinge ungelernte Bauern sind, und von denen gibt es bereits genug oder zu viele in jenen Ländern. Zweifellos. Aber ungelernte Bauern haben überall auf der Welt gelernt, in sehr kurzer Zeit qualifizierte Fabrikarbeiter oder Landwirte zu werden; diese Fähigkeit zu lernen ist das, was die Industriegesellschaft ausmacht. Die jemenitischen Juden, die in einer Woche vom Mittelalter nach Israel zogen, oder die ungelernten polnischen Bauern, die in Nowa Huta Stahlwerke betreiben, sind offensichtliche Beispiele für diese Verwandlung. Die Araber der Nachbarstaaten halten die palästinensischen Araber für besonders intelligent. Ich würde meinen, dass dieser Ruf verdient ist. Es gibt keinen Grund zu glauben, dass sie nicht genauso wie andere lernen können.

Wo ein Wille ist – und so viel brach liegendes Land und vergeudetes Wasser, Bodenschätze und Ölreserven, Unterbevölkerung und unentwickelte Industrien wie in den riesigen arabischen Territorien –, da ist ein Weg.

Dafür müssten »westliche Imperialisten« das meiste Geld beisteuern, aber der Preis wäre niedrig. Teurer wäre es, Almosenempfänger für immer zu unterstützen, als eine Gesellschaft freier unabhängiger Bürger zu schaffen. Geldzahlungen sind nutzlos und enden nie; Kapitalinvestitionen sind menschenfreundlich und profitabel und finanzieren sich auf die Dauer selbst. Es lohnt sich, Frieden zu kaufen, und wir müssen nicht darüber streiten, welches das bessere Geschäft ist, Krieg oder Frieden. »Westliche Imperialisten« sollten den Weg bereiten; die arabischen Regierungen müssten den Willen mitbringen.

Wirtschaft ist nicht alles, und die Tragödie der meisten Flüchtlinge besteht nicht darin, dass sie in den Ländern ihrer Zuflucht hungern, sondern dass ihre Herzen und Seelen hungern. Sie sind einsame Fremde, die nicht die Sprache des neuen Landes sprechen oder dessen Bräuche kennen. Die palästinensischen Flüchtlinge dagegen sehen aus, denken, fühlen und organisieren sich gesellschaftlich wie die Araber der »Gastländer«. Sie sprechen dieselbe Sprache, sie praktizieren dieselbe Religion. Die christliche Minderheit findet andere christliche Minderheiten in jedem arabischen Land außer dem Libanon, wo sie an der Macht sind. Die palästinensischen Araber sind keine Fremden in der arabischen Welt; sie sind Mitglieder einer großen Familie.

Arabischen Politikern und Apologeten zufolge weigern sich die palästinensischen Flüchtlinge, in die arabische Welt integriert zu werden; für sie heißt es: Palästina oder nichts. Jeder umwirbt die palästinensischen Flüchtlinge, beschimpft sie und redet über sie, aber niemand hat sie jemals gefragt, was sie selbst wollen: Wo wollt ihr leben? Was wollt ihr tun? Meine kleine persönliche Umfrage förderte zu Tage, dass viele Flüchtlinge dort zufrieden sind, wo sie leben, und kein Verlangen haben, nach Palästina zurückzukehren; andere sehnen sich danach, in reichere arabische Länder zu emigrieren, wo die Zukunft heller aussieht, oder hinaus in die weite nicht-arabische Welt zu gehen. Außer einem christlichen Araber aus Jaffa, der glaubt, Juden seien ehrlicher und bessere Geschäftsleute als arabische Muslime, wollte keiner als israelischer Bürger nach Israel zurückkehren und in Frieden mit den jüdischen Nachbarn wohnen. Wir brauchen eine Umfrage unter beiden Geschlechtern ab dem zwölften Lebensjahr, um die eigenen Wünsche der Flüchtlinge für ihr Leben herauszufinden. Die Umfrage müsste geheim sein, weil es für einen arabischen Flüchtling unmöglich, ja gefährlich ist, offen ein Desinteresse an Palästina zu bekunden. Der Mensch ist von Natur ein politisches Wesen, aber er will auch leben. Die Politik hat diesen Flüchtlingen seit langem nur sehr trockenes Brot angeboten.

Doch die arabischen Regierungen bestehen darauf, dass die palästinensischen Flüchtlinge ein politisches Problem sind. Einmal im Jahr machen sie das in der Vollversammlung der UNO ausdrücklich zum Thema. Für den Rest des Jahres benutzen sie die in Lagern Wartenden mit unterschiedlicher Intensität (je nach der innenpolitischen Lage) dazu, unter ihrer Bevölkerung Hass zu schüren. Die arabischen Regierungen sagen, dass sie die Existenz des Staates Israel niemals anerkennen. Die logische Schlussfolgerung daraus ist, dass ihre kalte Angriffslust, wenn sie so weit sind, in einen heißen bewaffneten Konflikt übergeht und die Existenz Israels beenden wird. Wir können die arabischen Nationen nicht zwingen, mit Israel Frieden zu schließen, aber wir müssen sie daran hindern, tatsächlich Krieg zu führen – um all der Menschenleben willen, einschließlich ihrer eigenen. Eine wichtige Präventivhandlung wäre es, das Flüchtlingsproblem und damit den Kriegsgrund zu beseitigen.

Ist es vergeblich, den arabischen Regierungen Konditionen anzubieten? Wir können sie nicht zur Eile drängen oder ihnen drohen. Ihr Stolz ist verletzt; sie sind verunsicherte, laute Jugendliche in einer cleveren, komplizierten Erwachsenenwelt. Ihr Nationalismus ist neu, und sie argwöhnen, dass er von jeder Seite beleidigt oder angegriffen wird. Sie leben nicht leicht mit sich selbst oder miteinander und haben noch nicht verstanden, dass eine Nation nur so stark ist wie ihre Bevölkerung – Waffen, die zu Krankheit, Analphabetismus und Armut dazukommen, sind eine nutzlose Last. Aber wenn wir wissen, was wir wollen, geduldig, standhaft und großzügig sind, erlauben es uns die arabischen Regierungen vielleicht im Laufe der Zeit, ihre Länder reich zu machen.

Das Angebot des Westens sollte klar sein: Die UNRWA muss weiterhin eine Brücke in die Zukunft sein; wir werden für diese Brücke und Zukunft bezahlen – palästinensische Flüchtlinge werden allmählich arabische Bürger und verdienen ihren Lebensunterhalt auf dem Land oder in Industrien, die unser Geld und technische Hilfe möglich machen werden. Aber kein weiterer Cent sollte in die Lösung des politischen Problems gesteckt werden. Die palästinensischen Flüchtlinge dürfen nie wieder zum Spielball der Politik werden und müssen die gleiche Chance bekommen, die Millionen Flüchtlinge zuvor hatten: eine Aussicht auf Arbeit, persönlichen Frieden und Privatleben.

Würde eine arabische Regierung aus Groll ein solches Angebot rundweg ablehnen und die UNRWA Russland überlassen? Die arabischen Führer wollen keinen Kommunismus. Russland hat keine Anziehungskraft auf sie. In dem hässlichen Ost-West-Wettstreit um die Zuneigung der Araber (und um Öl und Geographie) sollten wir einmal eine vernünftige, mitfühlende Einstellung riskieren. Es ist nicht sehr wahrscheinlich, dass wir auf diesem Gebiet geschlagen werden. Die arabischen Regierungen lieben uns nicht, aber sie fürchten die bekehrungseifrigen Kommunisten mehr.

Die UNRWA hat sich in der Elternrolle glänzend bewährt und kann den Flüchtlingen als ein Lotse in die Zukunft dienen. Das größte Geschenk des Hilfswerks an die Flüchtlinge, an die arabische Welt und indirekt an uns alle ist die Ausbildung und Gesundheitsversorgung seiner Schützlinge. Die UNRWA sollte mehr Geld bekommen und hauptsächlich als eine Bildungseinrichtung betrachtet werden. Meiner Meinung nach wird die UNRWA noch einige Zeit gebraucht, als eine bewundernswerte Ausbildungsstätte für junge Palästinenser und ein freundliches Heim für betagte Palästinenser. Aber die UNRWA muss sich aus der Politik heraushalten. Ihre Arbeit sollte nicht unter der politischen Aufsicht der Araber stehen; keine ihrer Aktivitäten sollte für arabische Propagandazwecke missbraucht werden; und ihr westliches Personal muss sich strikt aus dem arabisch-israelischen Konflikt heraushalten.

Die palästinensischen Flüchtlinge haben eine Kettenreaktion ausgelöst. Arabische Politiker und Apologeten wollen uns glauben lassen, dass die Explosion 1917 mit der Balfour-Deklaration begann, die »mit Wohlwollen die Errichtung einer nationalen Heimstätte für das jüdische Volk betrachtet«. Wahrscheinlicher begann die Explosion in der Tiefe der Zeit, als die Römer die Juden aus ihrem einzigen Heimatland vertrieben, von dem Boden, auf dem sich ihre Geschichte entfaltete und wo die Bibel geschrieben wurde. Fast zweitausend Jahre später begingen Hitler und seine Anhänger so schreckliche Verbrechen an den Juden, wie das gesamte Christentum und der Islam ihnen in den Jahrhunderten der Zerstreuung niemals zugefügt hatten – und sie waren auch barbarisch. Die Nazis und die Gaskammern machten den Staat Israel unvermeidlich: Die palästinensischen Araber und die fünf kriegführenden arabischen Armeen haben die Grenzen Israels festgelegt.

Die palästinensischen Flüchtlinge sind die unglücklichen Opfer eines kurzen Moments in der Geschichte. Es wird oft vergessen, dass Juden genauso Opfer desselben Moments sind. Der arabisch-israelische Krieg und seine fortdauernden Folgen führten zu einer Völkerflucht in zwei Richtungen. Fast eine halbe Million Juden, die alles zurücklassen mussten, flüchteten aus den arabischen Ländern, wo sie seit langem lebten, um als Flüchtlinge ein neues Leben in Israel zu beginnen. Innerhalb einer Generation, wenn die Zivilisation [im Zeitalter der Atombombe] fortdauert, werden die palästinensischen Flüchtlinge in den arabischen Nationen aufgehen, denn die jungen Menschen werden auf einem wirklichen Leben bestehen, anstatt endlos zu warten. Wenn wir den Frieden irgendwie bewahren können, werden sich die Kinder der palästinensischen Flüchtlinge in den Ländern ihrer Vorfahren unter ihresgleichen häuslich einrichten. Für die Juden gibt es kein anderes angestammtes Land als Israel.

Eichmann und das eigene Gewissen

The Atlantic, Februar 1962

In dem kugelsicheren Glaskasten, der wie ein Schiffsbug geformt ist, sitzt ein kleiner Mann mit dünnem Hals, hochgezogenen Schultern, seltsam reptilienhaften Augen, einem scharfgeschnittenen Gesicht und schütteren dunklen Haaren. Ohne erklärbaren Grund setzt er häufig seine Brille ab. Er presst seinen schmalen Mund zusammen, spitzt ihn. Manchmal ist da ein leichtes Zucken unter seinem linken Auge. Er fährt mit der Zunge über seine Zähne und scheint an seinem Gaumen zu saugen. Aus seinem Glaskäfig ist nur etwas zu hören, wenn er sich mit einem weißen großen Taschentuch die Nase putzt. Besucher, die zum ersten Mal in den Gerichtssaal kommen, starren ihn an. Wir haben alle gestarrt; und wir starren immer wieder. Wir versuchen – vergeblich – die gleiche Frage zu beantworten: Wie ist es möglich? Er sieht wie ein menschliches Wesen aus, was heißen soll, er ist geformt wie andere Menschen auch. Er atmet, isst, schläft, liest, hört, sieht. Was geht in ihm vor? Wer ist er, wer zum Teufel ist er? Wie kann er gewesen sein, was er war, getan haben, was er tat? Wie ist das möglich?

Die normale Reaktion auf einen Menschen, der in Schwierigkeiten steckt, ist Mitleid. Ein Mensch, gefangen, für seine Taten zur Rechenschaft gezogen, ein kleines Wesen, wie abstoßend auch sein Vergehen sein mag, wird bemitleidenswert, wenn er sich der Gesellschaft in ihrer ganzen Macht gegenübersieht. Doch dieser Mann auf der Anklagebank ruft kein Gefühl der Anteilnahme hervor, nicht einen Moment. Tag für Tag lehnt er sich auf seinem Stuhl zurück, ungerührt, und hört sich die Zeugenaussagen der Männer und Frauen an, für deren Leid er verantwortlich war. Meist scheinen ihre Worte ihn zu langweilen; manchmal ist da eine leichte Irritation, ein Stirnrunzeln. Er wird wach, wenn Beweisstücke vorgelegt werden, wenn er den Stapel der Ordner auf seinem Tisch verschieben, nach einem Dokument suchen oder Notizen machen kann: der Organisator bei seiner gewählten Aufgabe. Keine einzige Geste, kein flüchtiger Gesichtsausdruck erhebt Anspruch auf unser Mitgefühl – eine Emotion, die Menschen füreinander empfinden, weil sie sie brauchen, ohne sie nicht leben und sich nicht gegenseitig erkennen könnten. Dieser Mann ist von unserem Mitleid ausgeschlossen, denn seine Gnadenlosigkeit war jenseits unserer Vorstellungskraft. Deshalb können wir ihn nicht verstehen und deshalb fürchten wir ihn.

Wir haben Grund zur Furcht, und was wir fürchten, das ist tiefer und stärker als die konkreten Schrecken, mit denen wir leben: drohende Kämpfe zwischen rivalisierenden Staaten oder Waffen, die die Welt zerstören können. Wir fürchten ihn, weil wir wissen, dass er zurechnungsfähig ist. Es wäre ein großer Trost für uns, wenn er geisteskrank wäre; wir könnten ihn mit Entsetzen abtun, aber uns selbst versichern, dass er nicht ist wie wir. Etwas ging bei ihm schief; er wurde kriminell, aber bei uns ist alles in Ordnung. Doch es gibt keinen Trost.

Dies ist ein zurechnungsfähiger Mann, und ein solcher ist zu Bösem fähig, ohne Reue, ohne Grenzen und mit einem Plan. Er war der vollkommene Bürokrat, der eingefrorene Verstand, der eine gigantische Organisation leitete; er war die perfekte Verkörperung der Unmenschlichkeit, aber er war nicht allein. Tausende gehorchten ihm eifrig. Nicht jeder konnte seine besonderen Talente haben; viele wurden gebraucht, um den Kopf eines Babys vor den Augen seiner Mutter auf dem Bürgersteig zu zerschmettern, um einem kranken alten Mann zu befehlen, sich hinzusetzen, und ihm dann in den Hinterkopf zu schießen. Es gab endlose Arbeit für willige Hände. Wie viele dieser willigen Hände existieren noch überall? Was brachte sie hervor – alle zurechnungsfähig, alle unmenschlich?

Wir betrachten diesen Mann und alles, wofür er steht, mit begründeter Furcht. Wir gehören derselben Spezies an. Ist das Menschengeschlecht – jederzeit und überall – fähig, andere wie ihn auszuwürgen? Warum nicht? Adolf Eichmann ist die deutlichste Warnung an uns alle: Wir sollen uns in Acht nehmen, uns vollkommen und für immer weigern, fraglos Gefolgschaft zu leisten, schweigend Befehlen zu gehorchen und Parolen zu rufen. Er ist eine Warnung, dass das eigene Gewissen der letzte und einzige Schutz der zivilisierten Welt ist.

Drei Monate lang haben gründlich geprüfte Dokumente und lebende Zeugen diesem Mann die Verbrechen nachgewiesen, deren er angeklagt ist: Mord auf eine Weise und in einem Ausmaß, wie es bis dahin in der Geschichte unbekannt war, auch Mord zur Bereicherung. Den Juden Europas wurde alles geraubt, was sie besaßen, bevor sie ermordet wurden; und nach dem Tod gab es noch mehr, was man aus ihren Körpern reißen konnte – Gold aus ihren Mündern, und gelegentlich fanden sich in den aufgeschlitzten Mägen der Leichen kostbare Steine, die klägliche letzte Hoffnung, irgendwo Sicherheit zu kaufen. Dieser riesige Raubzug brachte dem Dritten Reich viel ein. Abgesehen von dem patriotischen und spirituellen Aufschwung, der mit der Ermordung wehrloser Menschen einherging, war es ein profitables Geschäft, Juden zu töten. Die genaue Buchführung über die Morde ist die letzte Abscheulichkeit. Ein Mensch sollte allein dafür gehängt werden, dass er die Schuhe von Kindern stahl, die barfuß in Gaskammern geschickt wurden. Ihre Schuhe hatten einen Wert, wurden in einem Bestandsbuch notiert und nach Deutschland verschickt, um nichtjüdische Füße warmzuhalten.

Eichmann, hingebungsvoll und unermüdlich die Morde organisierend, jedes Schlupfloch stopfend und nie zu beschäftigt, um eine Bitte um Gnade abzulehnen, ist nun als derjenige identifiziert, der er war: der Mann für »Judenangelegenheiten«, der verantwortliche Ausführende der Vernichtung der europäischen Juden. Da er nicht auf den Rest von uns losgelassen wurde, da wir sicher in unseren Körpern sind, umgeben von unserem

Besitz, neigen wir dazu zu vergessen, dass Eichmann uns alle beraubt hat. Durch ihn verlor die Menschheit sechs Millionen Leben. Wer waren sie? Wir kennen einige – ihre Namen schweben leicht wie Blätter durch die Tage der Zeugenaussagen: Künstler, Wissenschaftler, Lehrer, Musiker, Juristen, Heilige. Die unzähligen anderen hatten keine Zeit, sich mit Verstand, Herz und Geist zu formen. Die Welt brauchte, was sie zu geben hatten, als Schutz gegen Dunkelheit, um *die* Welt zu verhindern, die dieser Mann aufbauen wollte. Er stahl Leben von uns allen. Die Welt wird nie wissen, wieviel sie verlor, aber sie wird für immer ärmer sein.

Die Verlesung der Anklage – einzigartig in der Geschichte, so einzigartig wie das Verbrechen – hat ein Datum: Jerusalem am fünften Tag des Monats Adar 5721. Im Staat Israel ist das die übliche Art, Dokumente oder den amtlichen Schriftverkehr zu datieren. Mehr als zweitausend Jahre vor Christus schrieben die Patriarchen dieses alten Volkes die Geschichte ihrer Nation. Als sie mittels biblischer Daten die Schöpfung der Welt berechneten, kamen sie auf das Jahr 3760 v. Chr. als Grundlage ihrer Chronologie. In dem Jahr 5721 erhob sich ein jüdischer Generalstaatsanwalt im Jerusalemer Bezirksgericht in dem modernen Staat Israel und sagte: »An dieser Stelle, an der ich vor Sie trete, Richter in Israel, stehe ich nicht allein. Mit mir treten zu dieser Stunde sechs Millionen Kläger auf.« So begann der Prozess gegen Adolf Eichmann.

Zu Beginn dieses gewissenhaft geführten, herzzerreißenden Prozesses war die Weltpresse anwesend: Für kurze Zeit galt der Prozess als die größte Sensation, die die Zeitungen zu bieten hatten. Dann raste ein Mann* in einer Silberkapsel durch das All um die Erde; es gab andere Neuigkeiten; der Prozess ging weiter und weiter; Leute stöhnten, Überdruss machte sich breit, manche meinten, das Ganze sei sinnlos – wie sollte ein Mann für sechs Millionen Tote zahlen? Vielleicht sei der Prozess überhaupt ein Fehler, höchstwahrscheinlich werde er nur eine Welle des Antisemitismus auslösen.

Ich halte das für so schockierend, dass ich keine Worte für meine Empörung finden kann. Der Prozess war wichtig für jeden derzeit lebenden Menschen und für alle, die auf uns folgen; und trotz seiner Länge und Gründlichkeit behandelte er nur einen Teil des Geschehens – denn der Schauplatz des Verbrechens war ein ganzer Kontinent, ein ganzes Volk war das Opfer, die methodisch vorgehenden Barbaren, die die Verbrechen begingen, waren böse, erfinderische, brillante Organisatoren, fanatische Verwaltungsarbeiter. Dieser Prozess gibt uns den besten Bericht, den wir und unsere Nachkommen je haben werden; und wir schulden dem Staat Israel unermesslichen Dank dafür. Niemand, der versucht, unsere Zeit zu verstehen, jetzt oder in der Zukunft, kann diese Dokumentation des Lebens und des Todes übergehen, die unser Jahrhundert für immer kennzeichnen wird. Niemand wird ein vollständiges Bild des Menschen des 20. Jahrhunderts bekommen – und dass schließt uns alle ein, darauf bestehe ich –, ohne sich mit dem Eichmannprozess beschäftigt zu haben.

* Der sowjetische Kosmonaut Juri Gagarin (A.d.Ü.)

Langweilt es uns etwa, von den Qualen eines Volkes zu hören? Abgestumpfte Vorstellungskraft und Herzenskälte sind tödliche Krankheiten. Oder wollen wir das alles nicht so genau wissen, weil wir uns davor fürchten, unser Gewissen zu prüfen, unsere Verantwortung, unsere ungeheure Selbstsucht? Denken wir möglicherweise, dass dieser Prozess uns nichts angeht, er europäische Juden und Deutsche betrifft, und in unserem gesegneten Land mit seinem Überfluss an Milchshakes und Honiggläsern so etwas nicht geschehen könnte? Die Juden sind keine von der Menschheit getrennte Rasse und die Deutschen leider auch nicht. Wir sind, ob wir wollen oder nicht, involviert, jeder und jede von uns, überall.

Die ungeheure Vernichtung unschuldiger Menschen, nur weil sie geborene Juden waren, geschah in unserer Lebenszeit. Wir müssen alles darüber wissen; wir müssen in der Lage sein, jedes Symptom und jedes Anzeichen zu erkennen, um sicherzugehen, dass es nie wieder – unter irgendeinem Vorwand – irgendeinem Volk irgendwo geschieht. Sich abzuwenden, ist so verrückt wie sich von einer Krebserkrankung mit der Begründung abzuwenden, dass Krebs grausam, schmerzhaft, ungerecht ist und zum Tod führt. Antisemitismus ist wie Krebs und befällt die schwächeren Mitglieder des Menschengeschlechts. Wir haben gesehen, was aus Deutschland wurde, als sich die Krebszellen vermehrten, sich organisierten und Kontrolle über das ganze Gemeinwesen gewannen. Nicht nur Juden starben, sondern auch alles, woran wir glauben – Anstand, Recht, Wahrheit, Mitleid. Dieser Prozess ist für unsere Erziehung gedacht, und wir sind verpflichtet, von ihm zu lernen – um der Sicherheit und Ehre unserer Spezies willen.

Die Bewunderung für das Gericht wuchs täglich. Die verhandelten Verbrechen erstreckten sich über zwölf Jahre. Etwa 2000 Dokumente – dick wie Aktenbündel oder ein einzelnes Blatt – wurden vorgelegt, verifiziert, nummeriert, akzeptiert oder abgelehnt. Zeugen sprachen Hebräisch, Jiddisch, Deutsch, Polnisch, Englisch und andere Sprachen. Es war für alle Zeugen eine sichtbare Tortur zu sprechen. Einem Zeugen wurde schwindlig, als er sich an Auschwitz erinnerte, er schrie etwas, das man nicht verstehen konnte, aber schrecklich zu hören war, und wurde ohnmächtig. Das Publikum war angespannt, ruhig und bemühte sich zuzuhören, bis wieder jemand verzweifelt aufschrie. Dann führten Polizisten den Störer schweigend aus dem Saal. Das grelle Licht – für die Sicherheit des Gefangenen, für die versteckten Kameras – tat den Augen weh. Die Klimaanlage war kalt, und doch schwitzte man. Jeder Tag brachte mehr zum Vorschein, als Verstand und Herz ertragen konnten; und der Prozess lief weiter, immer pünktlich, immer ruhig und kontrolliert. Nie standen Anwälte oder Richter jemals vor so einer Aufgabe. Das ist keine Abwertung der Nürnberger Prozesse, die ich auch beobachtete, sondern ist als Lob der Kohärenz, der Ordnung, des absoluten Respekts für die Beweisregeln, der Höflichkeit und der strahlenden Gerechtigkeit des Prozesses in Jerusalem gemeint.

Eine amerikanische Bildungseinrichtung sammelte die stenographischen Gerichtsprotokolle – ein Papierberg –und übersetzte sie vom Hebräischen in ein akkurates, klares Englisch. Die Durchführung des Prozesses war über jede Kritik erhaben, aber die Israelis konnten keine Dolmetscher herbeizaubern, die Hebräisch und Englisch gleich gut beherrschten. So waren die englischen Transkripte der täglichen Protokolle oft unklar, wenn nicht unverständlich. Wir brauchen die gebundenen Gerichtsprotokolle in gutem Englisch in all unseren Bibliotheken, und wir brauchen sie jetzt.

Zwei Drittel des Prozesses lang häufte die Anklage Beweise für die schwarze Hölle an, die sich vom Ural bis zu den Pyrenäen, von der Ostsee bis zum Mittelmeer erstreckte und über die Adolf Eichmann herrschte. Beliebig herausgegriffene Dokumente vermitteln vielleicht ein gewisses Gefühl für ein Lebensklima, das wir nie erfahren haben. Der Prozess ging chronologisch vor und von Land zu Land; zwei Monate nach der Machtergreifung im Jahr 1933 machten die Nazis bereits Jagd auf Juden in Deutschland.

Überall wurden die Juden zuerst ihrer Bürgerrechte beraubt, dann ihres Hab und Guts, dann mit einem gelben Stern gekennzeichnet und in Ghettos zusammengepfercht, um an Hunger und Dreck zu sterben, und schließlich, da dies nicht schnell genug ging, wurden sie zu Zehntausenden abgeschlachtet. Diejenigen, die arbeiten konnten, wurden als Sklaven benutzt; ihr Tod zog sich hin, bis sie vor Erschöpfung aufgaben und nutzlos wurden. Und dabei wurden sie ständig geschlagen, zu Krüppeln gemacht und ermordet. Ihre Körper wurden schnell und mit Geschick erschlagen; doch ihr Lebensmut scheint sie selbst noch in den Gaskammern nicht verlassen zu haben. Menschen, die durch Zyanidgas erstickten – keine leichte Art zu sterben –, bewahrten noch häufig ihre Menschlichkeit: Es wurden Leichen von Frauen gefunden, die über ihren Kindern kauerten und versuchten, sie bis zuletzt zu beschützen, und Männer und Frauen, die sich an den Händen hielten.

Die meisten Zeugen waren mittleren Alters; einige sahen älter aus, als sie gewesen sein können, wenige waren jung. Es gab Männer in Geschäftsanzügen, mit Goldrandbrille und Krawattennadel, und Männer in kurzärmligen, offenen Hemden; Frauen in maßgeschneiderten Kleidern, Frauen in Hausmänteln. Sie alle hätten im Krieg Orden für Tapferkeit bekommen. Männer und Frauen mittleren Alters und älter waren für die Juden eingetreten und hatten für ihre Sicherheit gearbeitet; zäh verhandelten sie mit den Deutschen, auch mit Eichmann, und hatten sich dadurch dessen besondere Aufmerksamkeit und seinen Zorn zugezogen. Jüngere, ihrer Familie beraubt, mit ausgeklügelter Grausamkeit benutzt und behandelt wie Tiere, darauf wartend, dass sie an der Reihe waren zu sterben, hatten sich trotzdem in aussichtslosen Aufständen gegen ihre Mörder erhoben. Die Zeugen waren bescheiden; niemand wollte viel über sein Leben oder seine Taten erzählen. Sie berichteten nur, was sie wussten, weil sie es gesehen und gehört, durchlebt hatten. Sie sprachen fast nur von anderen.

Ein alter Rechtsanwalt, ein deutscher Jude und führender Zionist, der »wegen Beleidigung der Gestapo«

im Gefängnis gesessen hatte, versuchte, dem Gericht zu erklären, wie das Leben für die Juden in Deutschland vor dem Krieg gewesen war. Das war die erste Phase, als die Nazis ihr Handwerk lernten. Auch Eichmann. Da waren die vielen Verbote, die sich gegen die Juden richteten – keine Arbeit mit oder für Nichtjuden, keine Cafés, keine Verkehrsmittel, keine Theater, keine Läden; jüdische Musiker durften nicht mehr Bach oder Brahms spielen, Mendelssohn war noch erlaubt; die Bücher großer jüdischer Schriftsteller wurden verbrannt, wobei der Mob sich lachend um die Scheiterhaufen versammelte. Haltet das jüdische Ungeziefer fern von den reinen arischen Übermenschen. Familien von Festgenommenen, die in Dachau starben, erhielten gegen Bezahlung einer Gebühr Pappschachteln mit Asche. Synagogen wurden zerstört. Viele der Gejagten töteten sich selbst, während die Übrigen verzweifelt ein Land suchten, in das sie fliehen konnten. Zu dieser Zeit trieben die Deutschen die nun mittellosen Menschen dazu an zu emigrieren. Dass es zu der »Endlösung« kam, ist teilweise die Schuld der westlichen Welt; die Deutschen sahen die unverhüllte Gleichgültigkeit der Demokratien und befanden, dass niemand Juden wollte; es war egal, was man ihnen antat.

Der alte Mann schrie plötzlich auf: »Ein Planet ohne Visum!«*

Hier liegt die Schuld der freien Demokratien. Wir

* »Planet ohne Visum« ist eine Anspielung auf das vom französischen Schriftsteller Jean Malaquais 1946 verfasste und weit verbreitete Buch »Planète sans visa«, in dem er seine Erfahrungen 1943 im Süden Frankreichs beschreibt und das 1949 auch auf Englisch erschien unter dem Titel »World Without Visa«. (A.d.Ü.)

sollten das nie vergessen. Und dabei müssen die Vereinigten Staaten die Hauptschuld tragen. Von 1933 bis 1943 öffneten wir unsere goldenen Tore einen mickrigen Spalt breit, um 190.000 der Millionen todgeweihter Juden aufzunehmen. Obwohl Großbritannien noch härter von der Weltwirtschaftskrise getroffen wurde, früh schon sich im Krieg mit Deutschland befand und bombardiert wurde, seine Vorräte rationieren musste und viele Soldaten der Alliierten einquartierte, nahm das überfüllte Land 65.000 geflüchtete Juden auf. Der Vergleich spricht für sich selbst, auch wenn niemand von uns Grund zur Selbstgefälligkeit hat.

An einem späteren Prozesstag sprach ein tapferer alter Mann, der deutsche Pastor Grüber, auch über das Verhalten des Auslands. Er hatte sich das Recht zu sprechen verdient; er half den Juden in Deutschland ganz offen; er glaubte an die Lehren seines Herrn und bezahlte für seinen Glauben mit einer Gefängnisstrafe in Dachau. Nachdem 1938 in ganz Deutschland von den Nazis Pogrome organisiert worden waren, fuhr Grüber in die Schweiz, um mehr Auslandsvisa für Juden zu bekommen: »Keine der offiziellen Institutionen und Botschaften zeigten irgendein Verständnis oder Interesse am Schicksal dieser Juden. Sehr oft kamen wir von dort nicht nur voller Scham, sondern auch voller Zorn angesichts der mangelnden Hilfsbereitschaft … Darf ich mir erlauben zu sagen, dass es möglich gewesen wäre, Millionen Seelen zu retten, wenn diese Länder damals nur einen Bruchteil der Verantwortung und des Interesses gezeigt hätten, die heute dem Schicksal von Flüchtlingen, Vertriebenen und Immigranten entgegengebracht werden?«

Aber er wollte dem Gericht nicht den Namen eines in Deutschland lebenden Landsmannes nennen, der während der Naziherrschaft Juden *geholfen* hatte. »Ich könnte dem Gericht einen ganzen Aktenordner mit Drohungen und Verhöhnungen vorlegen, die ich erhielt, besonders in Verbindung mit meiner Reise nach Israel … Mir persönlich bedeuten diese Dinge nicht viel … aber ich möchte niemandem dieses Leid zufügen.«

Was ist Deutschlands Krankheit?

Pastor Grüber kannte Eichmann gut; er war oft in seinem Büro, aber alles Bitten nützte nichts. »Der Eindruck, den er [Eichmann] auf mich machte, war der eines Eisblocks oder eines Stück Marmors, völlig gefühllos.«

Zu Hunderten schrieben Israelis Briefe an Pastor Grüber, um ihm zu danken und ihn zu segnen. Für sie galt: Ein guter Mensch erlöst eine Nation.

Ein Jude aus Griechenland, ein armer Kaufmann, beschrieb, was in Saloniki geschehen war; seine Stimme klang verwundert, als ob er selbst diese Geschichte nicht glauben könnte. Ihre Mitbürger, die Griechen von Saloniki, bekamen die Erlaubnis, aus jüdischen Geschäften alles zu nehmen, was sie wollten, und bezahlt wurde zynischerweise mit Schuldscheinen. Und leider taten sie es – wie Heuschrecken. Die Juden, all ihres Hab und Guts beraubt, wurden in Ghettos zusammengepfercht, wo bald darauf Typhus wütete; die Deutschen fürchteten Typhus. Dieser Mann überlebte wahrscheinlich, weil die Deutschen es nicht wagten, ihn aus dem Loch, in dem er lag, herauszuholen. Die Deutschen, die ihrer üblichen Strategie der Täuschung folgten, erzählten den Saloniker Juden, dass nun ihr Elend ein Ende habe, sie in Polen angesiedelt würden und dort in Frieden zusammenleben könnten. Die Menschen tauschten ihre letzten Ersparnisse gegen wertlose Zlotys ein (immer wieder taucht das ekelhafte Thema der Ausraubung auf); sie kauften sogar Regenschirme, denn anders als im sonnigen Griechenland würde es in Krakau sicher regnen. Zweifel an ihrer Zukunft müssen schnell aufgetaucht sein, als sich 78 Menschen in einem versiegelten Güterwagen eingesperrt fanden, der höchstens Platz für 40 bot. Dies war die für jeden Waggon vorgeschriebene Anzahl an »Transportmaterial«, wie die Deutschen die Juden nannten. Die Reise war sehr lang; kein Güterwagen erreichte sein Ziel ohne eine Ladung Tote. Man kann sich kaum die Tage und Nächte in diesen erstickenden Kästen vorstellen – den Durst, den Dreck, die Krankheiten, die Angst und die Gesichter der Kinder. 56.000 Juden gab es in Saloniki; am Ende überlebten 1950. Dieser Mann hatte eine Mutter, einen Vater, eine Frau, vier Brüder und vier Schwestern. »Ich bin allein«, sagte er und schaute sich um, als wüsste er nicht, wo er sich befand.

Dann legte ein junger Mann Zeugnis ab, der als Vierzehnjähriger in das Todeslager von Treblinka kam. Er wurde, wie es üblich war, gleich bei der Ankunft im Lager von seiner Mutter getrennt; er rief ihr noch zu, wohin sie ihm schreiben sollte. Seine Mutter wurde direkt in die Gaskammer geschickt auf einem stacheldrahtbewehrten Weg, den die Deutschen mit dem ihnen eigenen Humor »Himmelstraße« nannten. Noch in der ersten Nacht verstand der Junge, wo er sich befand, und versuchte, sich zu töten, aber ein alter Jude rettete ihn. Er sagte ihm, es sei seine Pflicht zu leben und anderen zu helfen, und da er jung sei, habe er vielleicht die Stärke zu überleben, und dann sei es seine Aufgabe, der Welt zu berichten.

Der junge Mann erklärte Treblinka mit einer Stimme, an die wir uns bald gewöhnten: Man konnte fast die Anspannung der Muskeln sehen bei seinem Versuch, ruhig und klar zu sprechen. Vor 1943 wurden die Leichen von den Gaskammern in Gruben geworfen; nach einem Besuch Himmlers galten Scheiterhaufen als effizienter. Es gab dreizehn getrennte Gaskammern, und in 45 Minuten wurden 10.000 Menschen gleichzeitig getötet. Dieser Junge hatte viele Aufgaben: vom Abschneiden der Frauenhaare für Matratzenfüllungen bis zum Rausreißen der Goldzähne aus den Mündern der Leichen. Dann entdeckte er eines Tages seine tote Schwester auf einem Scheiterhaufen. (Er atmete tief durch und hielt sich aufrecht.) Von diesen Zähnen wurden jede Woche acht bis zehn Kilo Gold gesammelt und in Koffern nach Berlin verfrachtet. Hinter mir, in dem öffentlichen Bereich des Gerichtssaals, weinte eine alte Frau, die ein Kopftuch trug und sich gegen die kühle Luft eine Zeitung um die Schultern gelegt hatte – ohne Bewegung, ohne Geräusch und ohne Unterbrechung.

Ein weiterer polnischer Jude, ein alter Arbeiter, beschrieb Chelmno, ein primitiveres Vernichtungslager, wie es funktionierte, bevor die Massenmorde mit Zyklon B begannen, die Zyanidkristalle, die in die als Duschräume getarnten Gaskammern geschüttet wurden. In Chelmno benutzten die Deutschen noch Lastwagen; sie gaben den Menschen ein Handtuch und ein Stück Seife, sagten ihnen, sie würden zuerst ein Bad nehmen, einen Arzt sehen, frische Kleidung bekommen und ihr neues Leben beginnen.

Dann fuhren die verschlossenen Lastwagen in einen Wald, und Kohlenmonoxid wurde in den Innenraum gepumpt. Es war ein langsamer Tod, verschwendete kostbare SS-Zeit und tötete zu wenig Menschen pro Wagenladung. Einige Juden, zu denen der Zeuge gehörte, wurden am Leben erhalten, um die großen Gruben auszuheben, in denen die Leichen verscharrt wurden; aber dieses Arbeitskommando wurde auch getötet – zum Vergnügen –, da das Angebot an Arbeitskräften nicht nur unbegrenzt war, sondern auch aufgebraucht werden musste.

»Ja, 40 von uns blieben übrig – 41. Die anderen wurden getötet. An Sonntagen gab es keine Arbeit, und wir wurden in einer Reihe aufgestellt; jeder Mann hatte eine Flasche auf dem Kopf, und die Deutschen amüsierten sich, indem sie auf die Flaschen schossen. Wenn die Flasche getroffen wurde, überlebte der Mann, aber wenn die Kugel unterhalb des Ziels landete, dann war es aus mit ihm. Die anderen blieben zurück, um weiterzuarbeiten.«

Eine attraktive dunkelhaarige Frau, die im Alter von einundzwanzig in das Frauenlager von Auschwitz deportiert worden war, sprach über einen Mann, dessen

Namen wir inzwischen alle kennen und verfluchen: Dr. Mengele. Er ist noch am Leben, versteckt sich irgendwo. Er war der Chefarzt in Auschwitz. Die Deutschen führten in mehreren Lagern unmenschliche Experimente an lebendigem Fleisch durch: Dr. Mengele scheint der schlimmste Sadist von ihnen allen gewesen zu sein, ein Scheusal unter den Menschen.

Die junge Frau war eine Blockführerin; in dieser Funktion hatte sie etwas Bewegungsfreiheit und konnte so auch »das Zigeunerlager« besuchen. (Es sollte beachtet werden, dass Israel Adolf Eichmann auch wegen des geplanten Völkermords an den Zigeunern anklagte. Die Deutschen wollten sie vernichten, weil sie als »asoziale Elemente« galten. Die toten Zigeuner haben niemanden, der für sie spricht.) Die junge Frau wurde geschlagen – sie hatte das Glück, nicht wie so viele andere von den Peitschenhieben getötet zu werden –, weil sie die Zigeunerinnen gewarnt hatte, sich nie krank zu melden, sich nie zu beklagen und nie nach verschwundenen Familienangehörigen zu fragen: Die deutsche Antwort auf solche Äußerungen war der sofortige Tod in der Gaskammer. Eines Tages sah sie im Zigeunerlager neugeborene Zwillinge, die ihrer Mutter zurückgegeben worden waren; aber Dr. Mengele hatte sie Rücken an Rücken zusammengenäht mit der Absicht, siamesische Zwillinge zu erzeugen. Da Juden keine Geburten erlaubt waren, wurde einer Mutter ihr Baby weggenommen und ins Feuer geworfen; die Mutter lief in den elektrischen Zaun, um sich zu töten, das war der schnellste Weg.

Hinter mir hörte ich im Publikum Frauen wie eine

sanfte Brandung, ein verhaltenes Schluchzen vor Entsetzen und Trauer. Entsetzen und Trauer waren jeden Tag aufs Neue die gemeinsamen Gefühle in jenem Gerichtssaal.

Es ist unmöglich, den Schmerz zu vermitteln, den man allein beim Anhören der erlittenen Qualen fühlte. Verzweiflung für die Menschheit, eine wirkliche Verfinsterung des Geistes hätte uns überschwemmt, hätte es nicht die wenigen großartigen Beispiele menschlicher Solidarität gegen die Bosheit gegeben.

Die Dänen, angeführt von ihrem König Christian X., retteten ihre Juden – zur großen Wut Eichmanns. Weder trugen die Juden in Dänemark je einen gelben Stern, weil der König bekanntgab, er wäre der erste, der einen trägt, wenn eine solche Anordnung erlassen werden sollte, noch wurden sie in Ghettos zusammengepfercht. Die Nazis versuchten wie üblich, auch die Dänen aufzuhetzen, indem sie obszöne Lügen über die Juden verbreiteten. Ohne zu zögern, beförderten die Dänen ihre Juden mit Booten nach Schweden. Alte Juden versteckten sie unter nichtjüdischen dänischen Namen in Krankenhäusern; die sakralen Objekte der Synagoge lagerten sie in der Krypta einer lutherischen Kirche. Kein Däne brachte Schande über sich oder seine Nation, indem er Juden an die Gestapo verriet, aber viele bezahlten für ihre Menschlichkeit mit dem Leben.

Die wenigen hundert dänischen Juden – von etwa siebentausend –, die die Gestapo auf der Flucht ergriff, wurden nach Theresienstadt deportiert, das am wenigsten mörderische der deutschen Konzentrationslager. Als die Dänen von dem Hunger dort erfuhren, spendeten alle – vom König bis zum Flickschuster – Geld und schickten den Gefangenen die Nahrungsmittel, die sie benötigten, um am Leben zu bleiben. Die Dänen sehen nichts Außergewöhnliches in ihrem Verhalten.

Die Schweden, die sich im Krieg neutral verhielten, waren nicht neutral in ihrer Menschlichkeit. Sie gaben jedem Juden Asyl, der ihre Küsten erreichte; sie waren so großzügig, aus Flüchtlingen schwedische Bürger zu machen, dass Eichmann spezielle Anweisungen gegen sie erteilte – jeder Jude, der eine neutrale Staatsbürgerschaft erhalten hatte, sollte unverzüglich in den Osten, in die Gaskammern, deportiert werden. Und die Schweden brachten einen Heiligen namens Raoul Wallenberg hervor, der Erster Sekretär an der schwedischen Gesandtschaft in Budapest war. Eichmann schickte jeden Tag 12.000 ungarische Juden in den Tod – im Sommer und Herbst 1944, als der Krieg schon verloren war. Wallenberg mietete Häuser in Budapest, hisste davor die schwedische Flagge und brachte dort Juden unter, die nun als Schweden galten. Als schließlich keine Güterwagen mehr verfügbar waren und Auschwitz vor der heranrückenden russischen Armee aufgegeben wurde, befahl Eichmann – immer noch entschlossen, überlebende Juden zu vernichten – den grauenhaften Todesmarsch von Ungarn nach Österreich. Dies war ein für jedermann so sichtbarer Mord, dass Himmler Eichmann befahl, ihn zu stoppen. Wallenberg verteilte an die vorwärts stolpernden Menschen Lebensmittel, Decken und Medikamente. Er war zwar auch ein Fanatiker, aber auf der Seite der Engel. Die Russen verhafteten Wallenberg in Ungarn, und er ist tot. Es bleibt unbegreiflich, wie die Russen, die selbst so schrecklich unter den Deutschen gelitten hatten, diesem großartigen Mann ein Leid antun konnten.

Die Nazis eroberten Norwegen schnell, aber trotzdem gelang es dem norwegischen Untergrund, die Hälfte der einheimischen Juden bei Frostwetter durch schwieriges Bergland nach Schweden in Sicherheit zu bringen. Die Niederländer organisierten Generalstreiks aus Protest gegen die Behandlung der Juden; die Streiks wurden brutal unterdrückt. Die Nazis erhöhten das Bestechungsgeld für den Verrat an Juden; die Niederländer versteckten sie weiterhin, doch immer mehr wurden aufgespürt. Gereizte Schreiben von Eichmanns Büro diskutierten die äußerst ärgerliche Haltung der Niederländer, die sich weigerten, mit der deutschen Politik zu »sympathisieren«. Von Italienern gibt es zahllose Beispiele der Menschlichkeit, die weder eine faschistische Regierung noch der Krieg und die beiden Niederlagen (durch die Deutschen und durch die Alliierten) und auch nicht das unbegreifliche offizielle Schweigen des Papstes schwächen konnten.

Eine italienische Jüdin, die Tochter eines Universitätsprofessors, fand sich allein (die übrige Familie war verhaftet) mit fünf kleinen Kindern, ihre eigenen und die ihres vermissten Bruders: »Ich möchte hinzufügen, dass ich meine Kinder rettete, indem ich sie christlichen Familien übergab, die ich zuvor nicht kannte – aus verschiedenen Gesellschaftsschichten der nichtjüdischen Bevölkerung … Jedes Kind bei einer anderen Familie.

Meine Kinder und die meines Bruders … Mir wurde von Geistlichen und auch Laien geholfen – Arbeiter und andere Menschen in Rom, Intellektuelle … Die Herzensgüte, der ich unterwegs begegnete. Jeder italienische Jude verdankt sein Leben der italienischen Bevölkerung.«

Luxemburgs Tore waren offen für alle flüchtenden Juden. Dort, in diesem winzigen wehrlosen Land mit seinen freundlichen Menschen, konnten sie sich ausruhen, verstecken und daran erinnern, dass sie menschliche Wesen, nicht gejagte Tiere waren; und mit der Zeit und etwas Glück konnten sie Visa für neutrale Territorien bekommen. Unter der moralischen Führung Elisabeths, der Königinmutter der Belgier, und mit der Unterstützung des Primas von Belgien half der belgische Untergrund Gruppen von Juden zu entkommen und brachte mehrere Todeszüge zum Entgleisen.

Das waren mutige isolierte Akte der Menschlichkeit, und dafür müssen wir ewig dankbar sein.

Es gab in allen von den Deutschen besetzten Ländern namenlose Individuen, die ihre Mitmenschen vor den Barbaren schützten. Auf »Judenhilfe« stand die Todesstrafe. Jeder, der das Risiko auf sich nahm, statt die Grausamkeit zu unterstützen, aus sicherer Entfernung zuzuschauen oder die Augen zu schließen, gab der Menschheit ein Stück ihrer Ehre zurück. Und die Helfer waren effektiv, sie retteten Leben, sie betrogen Eichmann und seine Gehilfen um ihre Beute. Wenn es viele Millionen mehr gegeben hätte, hätte Eichmann so erfolgreich sein können, wie er es war?

Die Juden waren keine Schafe, die sich zur Schlachtbank führen ließen. Sie waren zu zivilisiert, um zu glauben, dass Deutsche, eine vermeintlich zivilisierte Nation, sich so verhalten konnten. Die Deutschen täuschten die Juden, logen, weckten Hoffnung und zerstörten sie, verhöhnten und logen wieder: Die Seife in den Gaskammern von Auschwitz, wo die Menschen ein Duschbad erwarteten, war aus Stein; auf Todeszügen bekamen die Menschen Ansichtskarten von einem erfundenen Ort namens »Waldsee« und wurden gezwungen, fröhliche Nachrichten an die Angehörigen in den Ghettos zu schreiben. Keine List war zu gemein, wenn sie dazu diente, die Juden einzulullen und sie von Verzweiflungstaten abzuhalten.

Und doch, gesundheitlich gebrochen, hungernd und wehrlos, revoltierten die Juden, selbst in Auschwitz, Treblinka und Sobibor. Die Aufstände konnten nicht mehr sein als Akte eines unerschrockenen Widerstands; nur wenige Menschen überlebten. Der Aufstand des Warschauer Ghettos bleibt ein Denkmal des Mutes; und von einer halben Million jüdischer Partisanen, die den Massakern entkamen und in den Wäldern Polens, in Ungarn und Frankreich kämpften, leben noch zwanzig Menschen, um die Geschichte zu erzählen.

Der kleine Mann sitzt auf der Anklagebank und hört zu, Tag für Tag; und er allein ist ungerührt, er allein ist nicht bedrückt vom Gewicht der Trauer, der Schande und der Empörung, das wir alle tragen. Er bewies dies, ohne zu wissen, was er tat, am ersten Tag seiner Aussage zur eigenen Verteidigung.

An dem Morgen, als wir endlich den schweigenden Mann in seinem Glaskasten hören würden, war der Gerichtssaal brechend voll. Dr. Servatius, Eichmanns deutscher Anwalt, präsentierte seinen Mandanten und seinen Fall. Dr. Servatius' Ton hatte sich verändert, er war nun ein älterer Herr mit zitternder Stimme, der die ehrenwerten Richter Israels anflehte, Mitleid mit einem unbedeutenden Untergebenen zu haben. Während des ganzen Prozesses behandelte das Gericht Dr. Servatius mit der zuvorkommendsten Höflichkeit. Er ist der gute, dicke, ehrliche Deutsche – eine liebenswerte Figur aus der Vorkriegszeit oder eine Karikatur, je nach Geschmack. Er konnte hierher kommen (für ein Honorar von 25.000 Dollar, bezahlt von der israelischen Regierung), um Eichmann zu verteidigen, weil seine Weste weiß ist: Er hatte das »Glück«, während des ganzen Krieges in einem Regiment der Wehrmacht zu dienen, und war nicht an den von Deutschen und in ihrem Namen begangenen Verbrechen beteiligt.

Eichmann sah anders aus, gelblich-grau und nun doch verängstigt. Er sprach leise, als er uns seine Lebensgeschichte zu erzählen begann. Als bescheidener junger Mann sah er eine Möglichkeit, sich bei einem noch wenig beachteten Thema hervorzutun – »das Judenproblem«. Er wählte diese Karriere, fiel aber zunächst nicht auf: Er hatte sich zufällig auf das Judentum als sein Spezialgebiet verlegt. Eichmann war viel zu unbedeutend, um vorauszusehen, wohin der Kampf der Nazis gegen Versailles und Demokratie führen würde. Doch Anfang 1933 trat er sofort der SS bei.

Eichmann erzählte von seinen frühen Kämpfen, etwas im Leben und bei der SS zu werden, und dass er den Wunsch hatte, Hebräisch zu lernen, was bei seinen Vorgesetzten Spott und sogar Verdacht auslöste. Er hatte eine in Riga publizierte hebräische Zeitung gesehen und sich gedacht, dass er viele nützliche Informationen bekommen würde, wenn er die Sprache verstand. Er wollte Stunden bei einem Rabbi nehmen; seine Vorgesetzten befürchteten, dass er durch die Nähe zu einem Rabbi beeinflusst werden und über andere Dinge als Hebräisch reden könnte. Doch schließlich überwand er ihre Zweifel: »Es wäre leicht gewesen zu sagen, schnappen wir uns einen Rabbi, sperren ihn ein, und er wird mich unterrichten; aber nein, ich bezahlte drei Mark pro Stunde, der übliche Preis.«

Eichmann war so überrascht von der Unruhe, die diese Aussage im Gerichtsaal hervorrief, dass er zum ersten und einzigen Mal seinen Kopf wendete und mit kurzer Verwirrung das Publikum anstarrte. Wie konnte dieser hohle Mensch wissen, dass das, was ihm ein normaler Satz zu sein schien, Menschen, die sich niemals vorstellen konnten, dass man sich einen unschuldigen Gelehrten »schnappen« und einsperren konnte, um gratis Unterricht zu bekommen, eine völlige Gefühlsleere verriet. Nach all den Jahren, in denen er untergetaucht war, bewiesen die Wochen im Gericht, dass Eichmann derselbe SS-Offizier geblieben war: Immer noch betrachtete er Juden als Objekt. Als ehrlicher Mann hatte er ein Objekt korrekt behandelt, auch wenn er nicht dazu verpflichtet war. Er bezahlte dem Objekt drei Mark: Er verzichtete darauf, es zu ergreifen und wegzusperren. Die Reaktion im Gerichtssaal war Fassungslosigkeit, Erkenntnis, Empörung – ein stöhnendes Raunen. Im Laufe seiner Aussagen wurde uns klar, dass Eichmann niemals verstehen würde, warum oder wie gewöhnliche Menschen auf ihn und seine Verbrechen reagierten.

Mit jeder Stunde seines Auftritts wurde Eichmann selbstsicherer. Sein Erfassen der Komplexitäten der Nazi-Bürokratie war beeindruckend. Er stockte nie, wenn er einen Plan erklärte, der so viel erforderte, das er kaum praktikabel erschien: Aber er war es. Die Tätigkeiten seiner Abteilung – RSHA IV B der Gestapo, beauftragt mit der »Endlösung« – war so effizient, dass Eichmann als der größte Organisator aller Zeiten herausragt. Eine Behörde der Nazi-Regierung, die ausschließlich mit der Vernichtung eines Teils der Bevölkerung Europas beschäftigt war, tötete in sechs Jahren sechs Millionen Zivilisten, von denen eine Million Kinder waren. Im Zweiten Weltkrieg betrug die Gesamtzahl der toten Kombattanten aus vierundzwanzig Nationen 14,7 Millionen.

Eichmanns Gedächtnis war fabelhaft, wenn er es wollte. Er erinnerte sich, wenn es zweckmäßig war. Doch selbst bei Fragen seines Anwalts kam er nicht zur Sache. Er machte fünf Minuten lang Ausflüchte, um nicht auf die einfache Frage antworten zu müssen, ob er an einem bestimmten Datum in Berlin gewesen sei oder nicht. Dr. Servatius verlor den Faden, er brachte Dokumente durcheinander, er konnte nicht das Blatt finden, das er benötigte. Eichmann, stets mit Überblick über alle Unterlagen, schickte das fragliche Dokument von seinem Glaskasten zum Tisch seines Anwalts. Bald schon verteidigte er sich selbst und sagte häufig: »Die Aussagen, die ich mache, werden durch spätere Dokumente bewiesen.«

Seine Stimme mit einem harten R ist hässlich, ein Ton, der einen an einen Hammer und ein Messer denken lässt. Während Dr. Servatius herumhantierte, wurde Eichmanns Stimme schärfer: Da war es wieder im Unterton, das Knurren und Bellen, an das sich viele der Zeugen erinnerten. Schon am ersten Tag seiner Aussage konnten wir uns Eichmann deutlich vorstellen, so wie ihn ein alter ungarischer jüdischer Aristokrat beschrieben hatte: »ein Offizier in Stiefeln, die eine Hand an der Pistole, mit dem ganzen Stolz seiner Rasse.«

Am zweiten Tag legte Eichmann seine Verteidigungsstrategie fest und blieb dabei bis zum Ende: »Ich hatte keine besonderen Positionen oder Privilegien – man gab mir Anweisungen.« Außerdem war er ausschließlich »mit Transportangelegenheiten« befasst. Dies ist das Gegenstück zu Goebbels' »Großer Lüge«;* dies ist die kleine Lüge. Eichmann war weder durch die Aussagen der Zeugen verunsichert, die ihn in den Jahren seiner Macht kannten und mit ihm zu tun hatten oder ihn bei seinen Besuchen in Konzentrationslagern sahen, noch durch die Flut der Dokumente, die zeigten, dass er über das Schicksal der Juden herrschte, wie kein General auf einem Kriegsschauplatz kommandieren konnte. Er wand sich, er redete viel und kehrte immer wieder zu

* Gellhorn bezieht sich auf das Joseph Goebbels zugeschriebene Zitat: »Wenn man eine große Lüge erzählt und sie oft genug wiederholt, dann werden die Leute sie am Ende glauben.«

denselben Lügen zurück. Er sei nur ein untergeordneter Bürokrat gewesen. Es ist möglich, dass die Welt da draußen – träge, beschäftigt mit anderen Dingen, nur flüchtig auf Schlagzeilen blickend – ihm glauben wird. Sollte der Staat Israel diesen Mann hinrichten, könnte es einen Aufschrei in den nicht betroffenen Zuschauerländern geben, und dann wird das Adjektiv *rachsüchtig* den Juden angehängt werden. Ich erfinde diesen seltsamen, ja perversen Gedankengang nicht: Ich habe ihn bereits gehört. Leute, die entschieden die Todesstrafe für welches Verbrechen auch immer ablehnen, haben das Recht auf diese Meinung. Andere sollten sich moralisch verpflichtet fühlen und den gesamten Prozess studieren, bevor sie es wagen, die über Eichmann verhängte Strafe zu verurteilen. In jenem Gerichtssaal in Jerusalem konnte es keinen Zweifel weder an Eichmanns Schuld noch an der Unermesslichkeit dieser Schuld geben. Wir waren nicht beeindruckt von der kleinen Lüge.

Das war kein kleiner Eisenbahnbeamter, der auf höchster Ebene direkt mit ausländischen Regierungen verhandelte. Immer wieder wurde Eichmann gebeten, ein oder zwei oder drei Juden zu verschonen. Aus irgendeinem Grund beunruhigten diese Individuen das Gewissen der Verbündeten Deutschlands. Immer wieder antwortete Eichmann eisig, dass diese Juden nicht ausfindig gemacht werden konnten; seine Untergebenen wurden angewiesen, »aus Prinzip« solche zeitverschwenderischen Bitten um Gnade abzulehnen. Wenn die genannten Juden nicht bereits tot waren, befahl Eichmann ihre sofortige Deportation in die Gaskammer und schloss die Akte, damit sich eine zukünftige Einmischung in seine Arbeit im vornherein erledigte.

Die Vichy-Regierung versuchte, einen Juden zu retten – ein Mann, dessen Tapferkeit in der französischen Armee nicht vergessen war. Eichmann antwortete, dass der Aufenthaltsort des Mannes unbekannt sei, arrangierte jedoch sofort seinen geheimen Abtransport nach Auschwitz und in den Tod durch Zyklon B. Admiral Horthy, der faschistische Diktator von Ungarn, wies die Polizei an, einen Todeszug mit 1200 Juden zu stoppen und sie in ihr Lager nahe Budapest zurückzubringen. In jener Nacht schickte Eichmann Busse, die die verschonten Menschen einsammelten und sie weit entfernt von der Hauptstadt zu dem Zug zurückbrachten. Horthys Einmischung ärgerte Eichmann, er fühlte sich in seiner Arbeit gestört; kurz danach wurde Horthy abgesetzt und eine durch und durch kooperative Marionettenregierung installiert.

Sehen so die Pflichten und die Autorität eines kleinen Bürokraten aus? Ein neues Gefühl breitete sich unter uns Zuschauern aus: vollkommene Verachtung für den Mann, dem andere Leben nichts galten, der aber sein eigenes so schamlos wertschätzte.

Eichmann wusste, was geschah; er bestätigte dies selbst in seiner eidesstattlichen Erklärung – ein vierbändiges Dokument, das Monate der Befragung festhält, während deren der israelische Polizeioffizier wie ein sanft drängender Psychiater agierte und Eichmann redete und redete. Er bedauerte, was er sah: Er fand die Schreie der Menschen, die in den Gaswagen erstickten, unerträglich; ein Blutstrahl, der aus einem Massengrab hochquoll, bereitete ihm Übelkeit. Irgendwo in der Nähe von Minsk sah er nackte Juden, die auf den Rand einer Grube zuliefen, wo SS-Leute sie erschossen; manche Schüsse waren ungenau, die Halbtoten krümmten sich, also schossen die SS-Männer auch in die aufgehäuften Körper. Eichmann berichtete diese Szene einem SS-Befehlshaber in Lemberg. »Ja, sage ich ihm, das ist ja entsetzlich, was da gemacht wird, sag ich, da werden ja die jungen Leute zu Sadisten erzogen ... Wie kann man denn? Einfach dahier hineinknallen? Auf eine Frau und Kinder? Wie ist denn das möglich? sag ich. Es kann doch nicht sein. Die Leute müssen entweder wahnsinnig werden, oder sie werden Sadisten. Unsere eigenen Leute.« Alles an diesem Mann ist der reine Alptraum: Er dachte nie an die Ermordeten; er dachte an die unangenehme Wirkung, die sie auf ihn ausübten, und an die wahrscheinlich schlechte Wirkung auf die Nerven der jungen SS-Soldaten.

Er glaubte, zu empfindlich für solche Dinge zu sein. »Man sagte mir oft, ich hätte kein Arzt werden dürfen.« Statt die Vernichtungsaktionen zu beobachten, erweiterte er seinen Radius, spornte die Mitarbeiter an, webte ein Netz, in das sich jeder Jude verfangen sollte, und schickte sie zu den Orten, die er kannte, aber deren Anblick er nicht ertrug. In einem einzigen Satz teilte Eichmann die Welt in Kräfte des Lichts und der Dunkelheit. Er verschrieb sich der Dunkelheit so wie die Mehrheit seiner Landsleute und Tausende in ganz Europa – Menschen mit Sklavengesinnung, gierig nach Macht: die Vichy-Polizei, die Eiserne Garde, kleine und große Quislinge überall. Er erklärte ihre Überzeugung in einem Satz: »Die Frage des Gewissens ist eine Sache des Staats, des Souveräns.« Ist man vom Denken, von Verantwortung und Schuld und schließlich der Menschlichkeit befreit, ist alles gut: Die Männer an der Spitze des Staates denken für uns, wir müssen nur gehorchen. Wenn sie zufällig geisteskranke Straftäter sind, dann geht uns das nichts an.

Der Zweck aller Erziehung und Religion besteht darin, diese Überzeugung zu bekämpfen mit jeder Handlung bis zum Tod. Das eigene Gewissen ist nicht nur der letzte Schutz der zivilisierten Welt, es ist auch die einzige Garantie für die Würde des Menschen. Und wenn wir das immer noch nicht gelernt haben, dann erteilt uns der Prozess gegen Eichmann, der eine Tatsache und ein Symbol ist, diese Lektion.

Der Sechstagekrieg

Vorbemerkung

1988

Im Juni 1967 war Israel der Held der westlichen Welt. Der Sechstagekrieg war ein famoser Sieg, ohne Beispiel in der modernen Kriegsgeschichte. Der David-und-Goliath-Aspekt dieses Konfliktes erregte große Bewunderung. Angesichts von Goliaths überlegener Stärke sah es zunächst so aus, als ob David es nicht schaffen könnte. Die westliche Welt hatte wochenlang besorgte und vergebliche Gespräche geführt, während die arabischen Armeen sich zusammenzogen und die Spannung in die Höhe schnellte. Die Gespräche konnten Israel nicht retten; so war es sehr tröstlich, sehr beruhigend, dass es Israel gelang, sich selber zu retten. Israel musste gewinnen. Eine Niederlage hätte das Ende des Volkes und des Staates bedeutet.

Am 27. Mai 1967 verkündete Ägyptens Präsident Nasser: »Unser entschiedenes Ziel ist die Zerstörung Israels. Das arabische Volk will kämpfen.« Einen Tag später fügte er hinzu: »Wir werden keinerlei Koexistenz mit Israel akzeptieren … Der Krieg mit Israel besteht im Grunde seit 1948.« Am 30. Mai proklamierte er: »Die Streitkräfte Ägyptens, Jordaniens, Syriens und des Libanon stehen an den Grenzen Israels bereit …, während hinter uns die Streitkräfte des Irak, Algeriens, Kuwaits, des Sudan und der ganzen arabischen Nation stehen. Dieser Akt wird die Welt in Staunen setzen. Heute werden alle wissen, dass die Araber zum Kampf angetreten sind, die entscheidende Stunde ist gekommen.«

Wie ein Echo erklärte der Präsident des Irak am 31. Mai: »Die Existenz Israels ist ein Fehler, der berichtigt werden muss. Dies ist unsere Gelegenheit, die Schmach auszulöschen, die uns seit 1948 anhaftet. Unser Ziel ist klar – Israel von der Landkarte zu streichen.« Radio Kairo, »Die Stimme der Araber« und damals der oberste Kriegstreiber, übertraf sich selbst mit dem rasenden Schrei »Abschlachten, abschlachten, abschlachten«, der von riesigen Menschenmassen in den Kairoer Straßen aufgegriffen wurde.

Dieses Vertrauen auf den Sieg beruhte auf einfacher Arithmetik. Die arabischen Armeen an den Grenzen waren denen Israels zahlenmäßig um das Dreifache überlegen; die gleiche dreifache Überlegenheit hatten sie in Panzern, Kampfflugzeugen und schwerer Artillerie. Israels reguläre Armee war vierzigtausend Mann stark und durch Reservisten auf eine Gefechtsstärke von ungefähr achtundvierzigtausend Mann vergrößert worden. Israels Milizheer – Reservisten, Frauen bis vierunddreißig und Männer bis vierundfünfzig – kam zur Unterstützung hinzu: Fernmeldetruppen, Leute für Transport und Versorgung, Ärzte, Techniker. Aber es waren die israelischen Piloten und Panzerbesatzungen, die den Triumph von David über Goliath sicherstellten.

Zweimal vor und noch einmal nach dem Juni 1967

ignorierten die arabischen Regierungen die Waffenstillstandsbedingungen der UNO, sobald das Feuer eingestellt war. Nachdem sie 1967 den Krieg provoziert und verloren hatten, verlangten sie unverzüglich die Rückgabe der eroberten Gebiete, obwohl sie sich konsequent weigerten, über Friedensverträge mit Israel zu verhandeln. Das Ganze hatte etwas Kindisches oder Irrsinniges an sich, als ob die arabischen Führer meinten, Krieg wäre ein tödliches Murmelspiel: Nur weil du gewonnen hast, darfst du noch lange nicht meine Murmeln behalten, gib mir meine Murmeln wieder, bis wir für das nächste Spiel gerüstet sind …

Das Gebiet der vier sich um Israel erstreckenden arabischen Nationen betrug etwa 1753000 Quadratkilometer. Israel mit seiner verletzlichen Wespenform bedeckte eine Fläche von ungefähr 20000 Quadratkilometern. Die Bevölkerung dieser vier arabischen Staaten betrug 46100000; in Israel gab es 2300000 Juden und ungefähr 350000 israelische Araber. Auch war Israel kein wertvoller Besitz; kein Öl, keine Diamanten, kein Gold, hauptsächlich Obst und Gemüse, ein landwirtschaftliches Wunder. Kein vernünftiger Mensch könnte sich irgendeine von dem winzigen Staat Israel ausgehende Bedrohung für die Sicherheit und das Wohlergehen dieser gewaltigen arabischen Landund Menschenmasse vorstellen.

Ich glaube, wenn es Israel nicht gäbe, müssten die arabischen Führer es erfinden. Es ist der eine imaginäre Feind, der alle ihre Völker vereint. Die Moslems des Nahen Ostens streiten untereinander, misstrauen sich, ermorden die eigenen Leute, planen Putsche, wechseln

Bündnisse, bringen sich mit wütender Energie um; sie können sich über nichts einig werden außer darüber, dass sie einen Hass gegen die Juden Israels hegen.

Obwohl sie allen Grund dazu gehabt hätten, hassten die Israelis 1967 die Araber noch nicht. 1949, nachdem der neue Staat sechs angreifende arabische Armeen, die entschlossen waren, Israel gleich bei der Geburt zu vernichten, abgeschlagen hatte, bemerkte ich diese Unvoreingenommenheit mit Staunen. Mir schien, dass die Israelis nicht viel über die arabischen Staaten nachdachten, erst wenn sie mussten, im Kriegsfall. Anders verhielt es sich bei den PLO-Terroristen. Männer, die in einem Schulbus, in einem Kino, auf einem Markt Bomben legen, unbewaffnete Zivilisten töten – Männer, Frauen, viele Kinder – und dann das Weite suchen, das ist eine andere Sache. Diese Männer verabscheuten sie.

Ich kam spät zu diesem Krieg. Als der Krieg ausbrach, wurde ich aus einem Grund, den ich vergessen habe, in Amerika, im Mittelwesten, aufgehalten. Ich beeilte mich und kam am fünften Tag in Israel an. Nach dem sechsten Tag verfolgte ich mehrere Wochen lang die Spuren des Krieges.

Ich wünschte, ich hätte Aufzeichnungen und Fotos gemacht, aber ich habe nur die losen Erinnerungen dieser einzigartigen Reise, auf der ich die ganze Gestalt eines Krieges sah, ein Stilleben von Tod und Zerstörung. Auf der Sinaihalbinsel tote Leiber ägyptischer Soldaten wie dunkle Lumpenbündel und der Übelkeit erregende Gestank des Todes. Eine ungeheure Linie von im Sand vergrabenen Kanonen, die langen, schweren Rohre über der Erde, alle auf Israel gerichtet. Sie wurden bei Nacht von israelischen Fallschirmtruppen erbeutet, die die Dünen zu Fuß überquerten, um die Geschützmannschaften von hinten in den Schützengräben anzugreifen. An den Straßenrändern aufgehäufte Minen, von israelischen Pionierkompanien gefunden, gehoben und aufgestapelt.

Fliegen wie schwirrende schwarze Wolken; sie setzten sich auf einen, sie flogen einem in die Augen und in den Mund. Qualvolle trockene Hitze, blauweißer Himmel, grelles Licht; lauwarmes rationiertes Wasser. Panzer, verbrannt, zerschmettert auf der Seite liegend, mit gerissenen Ketten, überall, Hunderte, seltsame schwarze, tote Ungeheuer. Haufen von Stiefeln, auf dem Sand verstreut, von den ägyptischen Truppen beim Rückzug oder der Kapitulation weggeworfen. Neue Zivilfahrzeuge, die Schnauze nach Ägypten gewandt, von Maschinengewehrfeuer zerfetzt: Das waren die Privatwagen allein fliehender ägyptischer Offiziere, aus Rache zerstört. Die Israelis empfanden für diese Wagen eine besondere Verachtung. Noch mehr mitleiderregende dunkle Lumpenleichen.

Mitten im Nichts, in der Leere des Sandes, ein Kontingent israelischer Truppen, sehr jung. Kampftruppen sehen nie gut gekleidet aus, aber die Israelis waren außergewöhnlich schäbig. Latschen statt Stiefel, offene Khakihemden, die über nicht dazu passenden Khakihosen oder abgeschnittenen Shorts hingen, ohne Hut oder mit schlappen Leinenhüten, schmutzig, nachlässig. Die Offiziere trugen keine Abzeichen, und niemand in der israelischen Armee schien zu salutieren. Offiziere und

Mannschaften kannten sich gut und nannten sich beim Vornamen. Das Milizheer wurde bereits wenige Tage nach dem Sieg nach Hause geschickt, wo Arbeit wartete, aber hier an diesem Ort warteten die Truppen um einen Fernmeldewagen herum auf Befehle. Zwei kleine, hübsche, blonde Soldatinnen sprangen aus dem Kastenwagen. Diese Soldatinnen mit sanften Stimmen, Pferdeschwänzen und unvergesslichen weichen schwarzen Ballettschuhen bedienten die Funkgeräte, Reservisten bei der Fernmeldetruppe.

Auf dem Suezkanal, bei El Kantara, schleuderte eine Gruppe zerknitterter israelischer Soldaten wütende Blicke über den Kanal. Sie sagten, sie würden keine ägyptischen Gefangenen mehr zurückschicken – sie hätten es beobachtet, diese Bastarde am anderen Ufer brachten die armen Kerle fort und erschossen sie. Sie würden keine mehr hinüberschicken, bis das Rote Kreuz oder sonstwer kam und die Sache prüfte; was für Menschen mussten das sein, die so etwas mit den eigenen Truppen machten?

Irgendwo in der Wüste sah ich eine Raketenstellung. Ich hatte noch nie eines von diesen Dingern gesehen, lang wie ein Eisenbahnwaggon, sehr schön und schnittig in seiner unterirdischen Abschussrampe. Ich weiß nicht, von welchem Typ die Rakete und warum sie noch immer da war, unbenutzt, aber alle waren froh darüber.

Irgendwo anders, im Negev wahrscheinlich, gab es ein großes Kriegsgefangenenlager, ägyptische Gefangene, die die Israelis möglichst rasch wieder loswerden wollten; Hunderte mit geschorenen Schädeln, die niedergeschlagen herumhockten. Sie wurden von ein paar desinteressierten israelischen Soldaten bewacht. Trotz ihrer mürrischen Mienen müssen die Gefangenen hocherfreut darüber gewesen sein, Wasser und Essen zu bekommen, aber sonst nicht beachtet zu werden. Man hatte ihnen erzählt, dass die Israelis ihre Gefangenen verstümmelten und töteten, und sie schenkten dem Glauben, da sie Anweisung hatten, gefangenen Israelis gegenüber keine Nachsicht zu zeigen.

Am Westufer des Jordan in der Nähe einer Brücke war der Boden mit weggeworfenen Stiefeln übersät, aber nicht mit Leichen; die arabischen Truppen waren nach Jordanien entkommen. Zwischen den Stiefeln lag massenweise verwehtes Papier, arabische Zeitungen, Comic-Bücher, alles mögliche. Die Karikaturen sprachen für sich. Das Nazibild des Juden, fett, dunkel, mit großer Hakennase und Geiferlippen. Ich hatte Kunstwerke der gleichen Art 1961 in allen palästinensischen Flüchtlingsschulen in Jordanien und im Libanon gesehen, Schulen, die von der United Nations Relief and Works Agency, dem UN-Hilfswerk für palästinensische Flüchtlinge, finanziert werden. An der Straße nach Jericho sahen wir von der jordanischen Armee stehengelassene volle Munitionskisten. Aufgedruckt war die amerikanische Flagge mit dem Händedruck der Freundschaft. Auf den Golanhöhen herrschte Stille in den verlassenen Stellungen, von denen aus syrische Kanonen achtzehn Jahre lang israelische Siedlungen unten im Tal von Galiläa beschossen hatten. Die Golanhöhen waren eine erhöhte Maginotlinie: Artillerie in festen Bunkern, Verbindungsgräben, Minenfelder, Stacheldraht. Erschöpfte Truppen eroberten diese befestigte Grenze nach pausenlosen Kämpfen an anderen Fronten. Die Israelis mussten schwere Verluste hinnehmen.

Lange nach dem Krieg bestätigte die Lektüre einer militärtechnischen Darstellung der Operation meinen Stillebeneindruck, dass der Sechstagekrieg eine beispiellose militärische Leistung war. Wird einer Nation der Krieg aufgezwungen, dann ist es bewundernswert, wenn sie ihn mit höchster Geschicklichkeit, Schnelligkeit, Tapferkeit und einer entschlossenen Anstrengung, Zivilisten zu schonen, führt. Keine Soldaten können stärker motiviert gewesen sein als die Israelis. Die arabischen Soldaten kämpften um Parolen; die Israelis kämpften um die Existenz ihres Landes.

Israel nahm seinen Sieg bemerkenswert nüchtern auf. Die Bevölkerung war ihren glänzenden Kämpfern, die die Nation gerettet hatten, dankbar; ihre Grenzen waren jetzt sicherer als jemals zuvor. Aber siebenhundertsechsundsechzig junge Israelis waren getötet und über tausend schwer verwundet worden. Und sie wussten, dass dies nicht der letzte Krieg gegen die Araber gewesen war, deren Führer ihren Verlusten gleichgültig gegenüberstanden und keinen Frieden schließen wollten.

Sobald der Krieg vorbei war, trat die arabische Propaganda sofort in Aktion. Meldungen über israelische Greueltaten wurden verbreitet und im Ausland ohne Überprüfung veröffentlicht. Krankenhäuser und Flüchtlingslager wären bombardiert, Tausende von arabischen Zivilisten in den Städten getötet worden; die Israelis wären Massenmörder. Ich wusste, dass dies eine Lüge war, und machte mich geduldig und sorgfältig da-

-ran, die Fakten zu sammeln. Nicht dass die Lügen etwa nicht hängenblieben oder die Leute sie nicht mit Begeisterung glaubten. Aber wenigstens kann man die Tatsachen richtigstellen, wie bescheiden auch immer. Zu dem Zeitpunkt, als meine Artikel erschienen, Ende Juli 1967, war Israel nicht mehr der Held der westlichen Welt; man warf ihm bereits dies und jenes vor, es war ein unablässiges Genörgel. In Sachen Propaganda ist Israel ein hoffnungsloser Versager.

Israel ist derzeit unpopulär. Es bekommt im allgemeinen eine schlechte Presse, wenn es die Welt nicht gerade mit irgendeiner tollkühnen Aktion wie der Rettung seiner entführten Bürger in Uganda – oder wie dem Sechstagekrieg – in Staunen versetzt. Dann applaudiert die Welt eine Zeitlang ekstatisch, und anschließend ist alles wieder beim alten. In Sachen Israel wird mit doppeltem Maßstab gemessen: Israel muss über jeden Zweifel erhaben sein, während die Araber sich alles erlauben können.

Im Jahre 1977 wählte Israel zum erstenmal eine rechte chauvinistische Regierung, als ob keine andere Demokratie sich je eine solche Verirrung geleistet hätte. Diese Regierung erlaubte sich schlimme Fehler, die die Israelis unter sich entzweiten. Bei den Vorwürfen, die gegen das, was sie getan und nicht getan haben, erhoben werden, berücksichtigt die Außenwelt niemals den einzigartigen Druck, von dem israelische Handlungen und Urteile beeinflusst sein müssen: die unerbittliche Feindschaft der arabischen Staaten, die ständig zunehmende arabische Rüstung, Jahrzehnte terroristischer Angriffe zu Hause und im Ausland. Es wäre überraschend, wenn Israel keine Belagerungsmentalität hätte, da es doch weiß, dass es sich nur auf sich selbst verlassen kann.

Die öffentliche Meinung im Ausland hat keinen Einfluss darauf, wie Israel seine Hauptaufgabe, nämlich zu überleben, bewältigt. Israel hat die Größe von Massachusetts, von Wales, wobei die Hälfte des Landes aus der Wüste Negev besteht. Wenn Israel seit 1948 sicher in Frieden gelebt hätte, so hätte es sich mit dem Ruhm begnügt, Farmen und Fabriken, Universitäten und Krankenhäuser, Museen und Theater, Schulen und Häuser zu bauen, eine moderne zivilisierte Demokratie zu sein. Die Israelis aber haben nicht in Frieden gelebt, nicht ein einziges Jahr in ihrer kurzen Geschichte, und man merkt den Menschen die Belastung an. Ich wanke nicht in meinem Glauben an Israel, und ich erwarte von ihm nicht, dass es fehlerfrei, dass es anders als jeder andere Staat ist. Ich habe niemals Dachau vergessen und auch nicht die erschütternden Zeugenaussagen von jüdischen Überlebenden der Konzentrationslager, die ich bei den Nürnberger Prozessen und dem Eichmann-Prozess stundenlang mit angehört habe. Ich habe den entsetzlichen Tag nicht vergessen, den ich mit einem früheren Gefangenen in der geisterhaften Leere von Auschwitz verbracht habe. Ich bin verärgert und ungehalten über diejenigen, die sich an das Leiden und die Standhaftigkeit, die Israel gründeten, nicht erinnern können oder wollen. Nazi-Deutschland hat Israel zu einer wichtigen Institution gemacht, zu einer Gewähr gegen eine Wiederholung des gräßlichsten Verbrechens in der Geschichte zu irgendeinem zukünftigen Zeitpunkt;

und zu einer Gewähr gegen eine Wiederholung des über Deutschland hinausreichenden schändlichen Sträubens, flüchtende Juden aufzunehmen.

Seine Nachbarn zwingen Israel, seine Ressourcen und seine Zeit für militärische Stärke zu vergeuden. Die Israelis sind keine begeisterten Krieger, doch sie haben keine Wahl. Aber Israel ist viel mehr als ein Bollwerk. Es erzeugt spritzige Weine und gute Bücher, und aus ihm gehen geniale Wissenschaftler, Musiker und Bauern hervor. Israel hat vielleicht den höchsten IQ pro Kopf auf der Welt. Es ist tapfer. Es ist da – und es muss bleiben.

Verluste und Propaganda

The Nation, Juli 1967

Den größten Teil eines Monats habe ich damit zugebracht, palästinensischen Arabern in Westjordanien und im Gazastreifen zuzuhören. Es fing immer gut an; Araber haben bezaubernde Umgangsformen, wenn auch gegenüber ihren eigenen Frauen etwas weniger bezaubernd, und sind oftmals sehr schön anzuschauen. Überall, wo wir hinkamen, saßen wir in einer Gruppe im Kreis, tranken Kaffee aus winzigen Tässchen und unterhielten uns wie vernünftige Menschen. Und plötzlich, von einer Sekunde auf die andere, änderte sich die Atmosphäre.

»Bethlehem wurde den ganzen Tag bombardiert!« ruft einer. Aber da steht Bethlehem, unversehrt und blühend im Nachmittagslicht. »Die Juden drangen schießend in jedes Haus in Nablus ein. Unsere Jungs haben ihr Zuhause verteidigt. Zweihundert wurden getötet, Frauen, Kinder, Jungen, mindestens zweihundert.« Und da stehen die Häuser, solide, nichts daran zu sehen, aus gehauenem Stein, und bei einem späteren Besuch reduzierte sich die Anzahl der zivilen Todesfälle bei ruhigerer Betrachtung auf neunzehn: immer noch unglaublich. Wo? Wie? Wir einigen uns darauf, dass hier keine

Kämpfe stattgefunden haben, und auch darauf, dass die Stadt bis auf ein paar Gebäude am Südende unberührt ist. Wir sind außerdem übereingekommen, dass dieser Schaden geringfügig ist. Ja, die »Jungs« von der jetzt etwas nervösen Polizeiwache dort drüben haben wahrscheinlich »ein bisschen geschossen«, vielleicht auch einige von den Gebäuden drumherum. Nichts Offizielles, keine Indizien. Es ist tröstlich, dass Menschen, die von der Propaganda totgesagt wurden, lebendig und wohlauf sind.

In einem Flüchtlingslager im Gazastreifen verkündete ein sehr dicker, gemütlich aussehender alter Mann im Kreise seiner drallen Gattin und acht stämmiger, gesunder Sprösslinge voll Entsetzen: »Die Juden erschießen jeden, den sie auf der Straße sehen, Mann, Frau und Kind.« War er Zeuge dieses Verbrechens geworden? Nein. Dann musste er die Schüsse gehört haben? Nein. Das Lager war eine Oase des Friedens; nicht ein Schuss war irgendwo in seiner Nähe abgefeuert worden; und die allzeit zum Töten bereiten Israelis waren fünf verstaubte junge Soldaten, die auf der anderen Seite der Hauptstraße auf einer Mauer saßen und das große Vorratslagerhaus bewachten.

Diese neue arabische Nachkriegspropaganda hat durchaus ihre Logik. Vor dem dritten arabisch-israelischen Krieg rechneten diese von jeder Propagandadroge berauschten Araber wirklich damit, Israel auszulöschen. Und sie hatten angesichts der wunderbaren russischen Milliardenwaffen der Ägypter und der Größe und Stärke der arabischen Streitkräfte auch allen Grund dazu, ihrer Propaganda zu glauben. Selbst als Zivilisten konnten sie hoffen, an dem glorreichen Sieg irgendwie teilzuhaben, da die Regierungen Jordaniens und Ägyptens Waffen in Hülle und Fülle an die Einwohner Westjordaniens und des Gazastreifens ausgaben.

Wenn man den Sechstagekrieg als Ungeheuerlichkeit erscheinen lassen kann, als eine Hölle aus Feuer und fliegendem Stahl, wenn ihre Leiden ohne Beispiel waren, dann rechtfertigt das die Niederlage. Und die Israelis werden noch verhasster, böser und gnadenloser. Die Rollen werden vertauscht: David wird zu Goliath. Diese Logik beherrscht die offizielle arabische Propaganda. Sie erklärt die von Jordanien angegebenen Verlustziffern (die ursprünglichen fünfundzwanzigtausend zivilen und militärischen Toten sanken auf fünfzehntausend) und die Berichte von der »Wildheit des Krieges«, von Gefährdung und zerstörten Häusern, was zweihunderttausend Schutz suchende Flüchtlinge über den Jordan getrieben hätte. Das Land muss, der Propaganda nach zu urteilen, in Schutt und Asche liegen.

Zum Glück für die Araber in den Kampfzonen und zur Freude von uns allen hat der dritte arabisch-israelische Krieg, der Sechstagekrieg, die arabische Zivilbevölkerung tatsächlich kaum berührt. Ich spreche nicht von arabischen Emotionen, ich spreche vom wirklichen Krieg: von Tod und Zerstörung. Der Unterschied liegt auf der Hand, wie der Unterschied zwischen dem zivilen Leben in London und in New York während des Zweiten Weltkrieges.

Vor diesem neuerlichen Konflikt lebten schätzungsweise 1500000 Zivilisten in den arabischen zivilen

Kampfzonen: in Westjordanien, dem Gazastreifen, syrischen Bergdörfern im Bereich der syrischen Maginotlinie und der angrenzenden syrischen Garnisonsstadt Kuneitra sowie zwei ägyptischen Städten am Rand der Wüste Sinai. Etwa vierhundertzehntausend israelische Staatsbürger lebten ebenfalls in Kampfzonen: auf ihrer Seite von Jerusalem, für zweiundfünfzig Stunden unter heftigem jordanischen Artilleriefeuer; auf dichtbesiedeltem israelischen Farmland entlang der gesamten syrischen Grenze, für vier Tage von syrischer Artillerie beschossen; in dem schmalen Mittelstück Israels von Tel Aviv bis Netanya, für zwei Tage von sporadischem jordanischen Artilleriefeuer getroffen. Fast zwei Millionen Zivilisten waren somit bedroht.

Ich glaube, dass *zweihundert Zivilisten*, Arabern und Israelis, die höchste denkbare Zahl von Nichtkombattanten sind, die während des gesamten Krieges, an sämtlichen Schauplätzen, getötet wurden.

Alle Toten sind zu bedauern und zu betrauern; nicht einer sollte für Propagandazwecke ausgeschlachtet werden. Meiner Meinung nach aber ist diese Verlustziffer immer noch zu hoch angesetzt; ich bin froh, annehmen zu können, dass weniger Menschen ihr Leben verloren haben. (Die militärischen Verluste sind tragisch genug.) Doch ich akzeptierte arabische Aussagen an Ort und Stelle, auch wenn sie dem unmittelbaren Augenschein widersprachen. Ich prüfte in Krankenhäusern nach, unterhielt mich mit arabischen Bürgermeistern, einfachen arabischen Einwohnern, Priestern, Mitarbeitern von UNRWA (United Nations Relief and Works Agency) und durchstreifte die Kampfzonen, um die tatsächlichen Kriegsschäden in Städten, Dörfern und Flüchtlingslagern zu sehen.

Von England ostwärts bis Japan erinnern sich Erwachsene an den zivilen Krieg wegen der Bombenangriffe aus der Luft: ein Grauen. Das Volk von Vietnam erlebte diesen Krieg auf qualvolle Weise. Bomben sind Massenvernichtungsmittel von Zivilisten und ihren Häusern. Im gesamten Sechstagekrieg warf die israelische Luftwaffe zehn bis fünfzehn leichte Bomben auf ein ziviles Ziel ab, die syrische Garnisonsstadt Kuneitra. Kuneitra (dreißigtausend Einwohner) liegt unmittelbar hinter den befestigten syrischen Hügeln, einer nahöstlichen Maginotlinie. Die israelische Armee und Luftwaffe griff diese Stellungen und Kuneitra am fünften Tag des Krieges an. Unterhalb von Kuneitra wurden die syrischen Dörfer zwischen den militärischen Stützpunkten geräumt, bevor die Schlacht begann. Es ist unwahrscheinlich, dass das syrische militärische Oberkommando in seinem kleinen Pentagonhauptquartier am Rande von Kuneitra nicht auch die Soldatenfamilien aus der Stadt evakuierte. Kuneitra war verlassen, als die israelische Armee am Nachmittag des sechsten und letzten Kriegstages einzog.

Zweimal operierte die israelische Luftwaffe in den von Zivilisten bewohnten Gebieten. Israelische Flugzeuge unterstützten die auf den Hügeln hinter Jerusalem kämpfende Infanterie sowie die auf der Straße nach Gaza aus der Luft. Niemand bestreitet die Präzision der israelischen Luftwaffe; abseits von militärischen Zielen regneten nicht zufällig Bomben auf hilflose Zivilisten.

Nach einem Bombardement ist es das Los der Zivilisten, auf einem Schlachtfeld zu wohnen, auf dem sie von Artillerie beschossen und von Soldaten überrannt werden, die auf den Straßen und in ihren Häusern kämpfen. In Westjordanien leben Zivilisten in Jerusalem, in neun kleinen Städten, zwanzig Flüchtlingslagern und etwa dreihundertfünfzig ländlichen Siedlungen. Der Krieg dauerte siebzig Stunden. Die Jordanische Legion und die israelische Armee kämpften nur in drei besiedelten Gebieten: in Jerusalem, hauptsächlich auf den Hügeln ringsum (Ziviltote: fünfundzwanzig), in der Grenzstadt Kalkilya (fünfzehn) und in dem Grenzdorf Ya'bad (sechzehn). Der Durchzug des Krieges kostete zwei Ziviltote in Jenin, neunzehn in Nablus, dreißig in Tulkarm, zwei in Ramallah, sieben in Bethlehem und einen Toten in dem Dorf Beit Mersem. Alle Flüchtlingslager waren unversehrt. Israelische zivile Kriegstote gab es im israelischen Teil von Jerusalem (fünfzehn) und in den übrigen israelischen Kampfzonen (acht). Artilleriefeuer zerstörte israelisches Eigentum und Farmland; die Menschen blieben in Schutzräumen.

Im Gazastreifen leben Zivilisten in drei Städten, acht Flüchtlingslagern und in unzähligen einzelnen Bauernhäusern und Weilern. Für ungefähr achtundzwanzig Kriegsstunden kämpften die israelische Armee und einige Einheiten der Palästinensischen Befreiungsarmee und Ägyptens an der Straße im Süden des Streifens bis ins südliche Viertel von Gaza-Stadt. Flüchtlingslager wurden nicht getroffen. Aufgrund von sichtbaren Kriegsschäden, meinen Krankenhausbesuchen und Gesprächen mit Flüchtlingen kann ich nur den Schluss ziehen, dass zehn Zivilisten die höchste wahrscheinliche Verlustziffer ist.

Bezeichnenderweise machte weder die ägyptische noch die syrische Regierung irgendwelche Ziviltote geltend, als sie ihre Kriegsverlustziffern bekanntgaben. Das schwerste Gefecht des Krieges fand in der Wüste Sinai statt, fern von allen zivilen Ansiedlungen. Am Rande der Wüste Sinai lag die Stadt El Arisch außerhalb der Kampfzone und blieb unbeschädigt. Als man am sechsten Tag des Krieges in die Stadt El Kantara am Suezkanal einzog, war sie fast völlig evakuiert. Sie zeigt Anzeichen von Schusswechseln mit kleinen Waffen am Eingang auf der Wüstenseite. Für achtunddreißig Stunden kämpften israelische und syrische Streitkräfte in den Militärstellungen auf den syrischen Hügeln, in Geschützstellungen, Bunkern, Schützengräben und in drei verlassenen Dörfern zwischen diesen Stellungen. Frühe Zeugenberichte und spätere Beobachtung deuten darauf hin, dass während der Stunden des Kampfes keine Zivilisten in der Gefechtszone waren und dass die schätzungsweise dreihundert Zivilisten, die jetzt in Kuneitra sind, nach der Einstellung des Feuers in ihre Häuser zurückkehrten. Ebenso ging die gesamte drusische Bevölkerung in ihre Dörfer zurück.

Es ist möglich, aber Gott sei Dank nicht sehr wahrscheinlich, dass es fünfzig weitere zivile Verluste in beschädigten Privatwagen und vereinzelten Gebäuden an einigen größeren Straßen in Westjordanien und der Gaza-Hauptstraße gegeben hat. Ein neunzehnjähriger israelischer Soldat, der zu seinem Posten in Westjordanien zurücktrampte, erklärte diesen Krieg mustergültig.

»Der General sagen und jeder Soldat verstehen, wir bekämpfen Armeen, nicht Völker.« Es war ein Krieg zwischen Armeen, in barmherziger Entfernung von den Völkern.

Gott sei Dank sind die Israelis nicht der Propaganda verfallen. Propaganda erzeugt Hass, und Hass erzeugt Mörder. Vielleicht werden die Araber in dem israelisch besetzten Territorium im Laufe der Zeit zu dem Schluss kommen, dass Friede sich besser bezahlt macht als Propaganda. Es gibt hoffnungsvolle Zeichen: Bethlehem ist ein florierendes Städtchen voller israelischer Touristen, und die Israelis können sich nicht mehr in ihr städtisches Schwimmbadbecken in Jerusalem quetschen, weil so viele Araber darin sind.

Warum die Flüchtlinge weggelaufen sind

Guardian, Juli 1967

Zwischen Jericho und dem unschönen milchigen Blau des Toten Meeres, nahe der Allenby-Brücke über den Jordan, gibt es vier palästinensische Flüchtlingslager. Orangenhaine und Felder färben das Tal grün; die Hügel dahinter sind aus ausgewaschenem grauem Kalkstein; jetzt im Sommer ist die Hitze nur schwer zu ertragen. Bei dem Ausdruck »Flüchtlingslager« macht die Phantasie einen Sprung zu dem Bild eines kleinen Bergen-Belsen, Scharen von hungrigen, unbeschäftigten Menschen, von Stacheldraht eingepfercht. Diese Lager hier haben damit keine Ähnlichkeit. Sie sind einfach arme arabische Dörfer oder Kleinstädte, alle verschieden, wie auch die Häuser unterschiedlich sind. Wenn es genug Land gibt, so dass die Flüchtlinge Bäume pflanzen sowie Weinlauben und Blumen wachsen lassen können, machen sie einen wohnlichen und heiteren Eindruck; wenn es nicht genug Platz gibt, sehen sie wie ländliche Slums aus. Aber die Menschen, die darin leben, haben einen großen Vorteil: Die UNRWA (United Nations Relief and Works Agency) betreibt einen Wohlfahrtsstaat für ihre Schützlinge, die palästinensischen Lagerflüchtlinge. Arme Araber in ihren Heimatländern genießen keine solche besondere Betreuung.

Das größte Flüchtlingslager in Jordanien, Akabat Jaber in der Nähe von Jericho, bedeckt eine Fläche von eintausendeinhundert Morgen. Es ist eine gut organisierte kleine Stadt mit neun Schulen, dreihundertdreiundzwanzig Geschäften, Cafés, einem Postamt, Sportplätzen, einem Klinikkomplex, Moscheen und – was am wichtigsten ist – zweihundertzweiunddreißig Hähnen für unbegrenzt viel sauberes Wasser. Wie in allen Lagern sind die Häuser und ihre kleinen umfriedeten Innenhöfe aus »Schlammziegeln« gebaut, wie es die UNRWA kummervoll beschreibt, das heißt aus Lehmziegeln, auch Adobe genannt, dem traditionellen Baumaterial der arabischen, mexikanischen, vietnamesischen und anderen Bauern und Arbeiter, die in einem heißen Klima leben; Lehmziegel dienen als natürliche Klimaanlage.

Akabat Jaber und die benachbarten Lager bei Jericho sind jetzt Geisterstädte, obwohl die meisten der Flüchtlinge wahrscheinlich langsam wieder zurückkehren werden. Nirgendwo sonst in Westjordanien ist es zu einer Massenabwanderung gekommen, und das Ganze ist recht zwielichtig. Der Blitzkrieg war in diesem Tal nicht einmal als ein flüchtiger Donnerhall zu hören. Der Lagerleiter, selbst palästinensischer Flüchtling, ist ein cholerischer dicker Mann, ein mächtiger UNRWA-Verwaltungsbeamter, dem seine Leute mit Furcht und Gehorsam begegnen, wie ich mich von einem Jahre zurückliegenden Besuch her erinnerte. Warum hatte er diese panische Flucht nicht verhindert? Wir insistierten, es müsse irgendwelche Wirren gegeben haben, von denen die Leute vertrieben wurden.

»Nein, nein. Das Gefecht dauerte eine Stunde und war weit entfernt«, sagte der Lagerleiter. »Hier war nichts. Nein, nein, die israelische Armee ist überhaupt nicht hierhergekommen; alles ist in Ordnung; alles läuft einwandfrei. Vorräte sind reichlich vorhanden. Es gibt kein Chaos.« Da auf den »Nichtkrieg« sofort der Friede folgte, warum sind die Flüchtlinge dann weggelaufen? »Die Leute reden«, sagte der Lagerleiter. »Es grassierten eine Menge Geschichten. Mitglieder von politischen Parteien verbreiteten Gerüchte. Sie sagten, man würde alle jungen Männer umbringen. Die Leute hörten im Radio, dass dies nicht das Ende ist, sondern erst der Anfang, also denken sie, vielleicht wird es ein langer Krieg, und sie wollen in Jordanien bleiben.«

Eine Gruppe verdrossener junger Männer saß in einem Café; sie stellten Radio Kairo ein, als wir vorübergingen. Vielleicht ist Radio Kairo und alles, wofür es steht – arabische Politik und Propaganda –, der wahre Grund für den ersten hektischen Sturm von Lagerflüchtlingen in ein zweites Exil auf der anderen Jordanseite. Sie sind nicht vor der Gefahr des Krieges geflohen und auch nicht aus zertrümmerten Häusern. Es gibt zwanzig UNRWA Flüchtlingslager in Westjordanien; nicht eines davon wurde vom Krieg berührt; nicht ein Bewohner wurde getötet. (So die Erklärung eines leitenden UNRWA-Vertreters in Westjordanien während eines Interviews am 4. Juli in Kalandia, das meine eigenen Beobachtungen bestätigte.)

Ich schätze, dass in neun der Lager aufgrund ihrer Lage der Krieg gar nicht gehört oder gesehen werden konnte. In allen Fällen zog der Krieg rasch auf den Straßen an ihnen vorbei – woraufhin die Flüchtlinge Richtung Jordan aufbrachen. Dieses zweite Exil ist doppelt traurig, weil so unnötig. Wieder haben sie ihr Zuhause zurückgelassen, das sie sich aufgebaut, die Möbel und die Habseligkeiten, die sie zusammengetragen hatten, um – so lesen wir – unter Zelten zu leben, zermürbt von der prallen Hitze und dem Staub, erschöpft, aufs neue sich selbst entwurzelt.

Ich bin der Ansicht, dass blinde Furcht vor den Israelis, nicht die Gefahren des Krieges, ihr Beweggrund war. Radio Kairo hatte die Vernichtung der Juden versprochen. Die letzte Rundfunkdurchsage König Husseins vor der Einstellung des Feuers ist denkwürdig. »Tötet die Juden, wo immer ihr sie findet. Tötet sie mit euren Händen, mit euren Nägeln und Zähnen.« Jetzt hatten die Juden gewonnen, also ging man davon aus, dass die Juden sie töten würden.

Die Mehrheit der palästinensischen Flüchtlinge lebt nicht in Lagern. Wie andere Araber, die den wirklichen Krieg zu spüren bekamen, könnten sich einige von ihnen dazu entschlossen haben, sofort zu fliehen, um bei einer Fortführung oder einem Neubeginn des Krieges nicht akut gefährdet zu sein und in der Falle zu sitzen. Vielleicht hatten manche aus der ersten Flüchtlingswelle triftige, politische Gründe zur Flucht, im Gegensatz zu den in späteren Wellen stoisch abziehenden Arabern.

In den letzten Wochen erklären weder Furcht vor

dem Krieg noch Furcht vor Vergeltungsmaßnahmen noch familiäre oder finanzielle Komplikationen den dünneren, aber stetigen Strom von Menschen, der sich ungeachtet der zu erwartenden Härten des Exils über die Allenby-Brücke schleppt. »Sie fühlen sich nicht sicher«, sagte eine intelligente Palästinenserin aus dem UNRWA-Stab in Hebron. »Sie wissen nicht, was als nächstes passiert. Sie wollen unter Arabern sein.« Sie überraschte mich mit der Bemerkung, dass der israelische Militärbefehlshaber am Ort »sehr freundlich zur UNRWA, sehr liebenswürdig und hilfsbereit« gewesen sei, erstaunliche Worte über einen Juden aus dem Mund einer Araberin. Der Befehlshaber hatte ihnen ein Auto für ihre Arbeit und Lastwagen für den Transport der Frauen, Kinder und Alten zur Allenby-Brücke besorgt. Ich wiederum überraschte sie mit der Bemerkung, dass diese Lastwagen, eine Geste der Anständigkeit in der weißglühenden Sommerhitze, von der Propaganda in eine zwangsweise Abschiebung umgewandelt worden waren. Wenn die israelische Armee irgendwann versucht hätte, die Abwanderung zu verhindern, wäre das als zwangsweise Zurückhaltung ausgelegt worden.

Es ist zu hoffen, dass die jordanische und die israelische Regierung fähig sein werden, ohne gegenseitiges lähmendes Misstrauen bei der Rückkehr all jener Flüchtlinge zusammenzuarbeiten, die sich dafür entscheiden, nach Westjordanien zurückzukommen. Die »gut belegte Schätzung« der UNRWA lautet hier, dass hunderttausend ihrer westjordanischen Flüchtlinge jetzt am Ostufer sind, einschließlich derjenigen, die vor dem

Krieg in Jordanien gearbeitet haben. Es wäre klug und heilsam, von Israel nicht ultimativ über Nacht eine Lösung des neunzehn Jahre alten Problems der palästinensischen Flüchtlinge zu verlangen. Mit Zeit, Arbeit und Geld werden die Israelis dieses Problem bewältigen, einfach indem sie die ihnen zugefallene palästinensische Flüchtlingsbevölkerung als Menschen behandeln, nicht als politisches Faustpfand. Während dieser neunzehn Jahre haben die Israelis durch die Umsiedlung einer halben Million jüdischer Flüchtlinge, die aus den arabischen Ländern des Nahen Ostens nach Israel gekommen sind, viele nützliche Erfahrungen gemacht.

Gedanken über eine heilige Kuh

Commonweal, Juli 1967

Nach neunzehn vergeblichen Jahren gibt es für drei Viertel der palästinensischen Flüchtlinge eine letzte Chance, der Spirale des palästinensischen Flüchtlingsproblems zu entkommen. Sie befinden sich jetzt außerhalb der effektiven Einflusssphäre arabischer Politik, in Westjordanien und im Gazastreifen. Mit moralischer und finanzieller Unterstützung aus dem Westen könnte Israel ihre dauerhafte unabhängige Ansiedlung in diesen beiden Gebieten, die ja ihre Heimat sind, zuwege bringen. Aber es ist keine Lösung möglich ohne die Mitwirkung der Flüchtlinge und der UNRWA, die schon seit langem ihre offizielle Schutzmacht ist.

Wie steht es mit der UNRWA? Sie ist die leitende Kraft für zwanzig Flüchtlingslager in Westjordanien und acht Lager im Gazastreifen. Ihre Handlungen und Haltungen, die von oben durch den ganzen Mitarbeiterstab nach unten sickern, beeinflussen die Handlungen und Haltungen der Flüchtlinge.

Die Zusammenarbeit mit der UNRWA war von israelischer Seite unmittelbar und entgegenkommend. Man hat jedoch nicht das Gefühl, dass die Herzlichkeit erwidert wird. Seit ich im Gazastreifen war, hat sich das dortige UNRWA-Oberkommando geändert, und zwar zweifellos zum Besseren. In Westjordanien wettert die UNRWA, wie mir scheint, heftig über die arabische Niederlage – ohne jede Berechtigung.

Ihre zwanzig Flüchtlingslager sind vollkommen unversehrt, vom Krieg unberührt. Die Vorräte sind nicht ausgegangen, und neue Lieferungen werden termingerecht über einen israelischen Hafen eintreffen. Ihr Jerusalemer Bürogebäude wurde zwar umkämpft und vom Krieg beschädigt, aber sie haben vorübergehend ausreichend Platz in der eleganten Technischen Hochschule der UNRWA außerhalb der Stadt. In ihren veröffentlichten und privaten Aussagen ist von Hindernissen und Härten die Rede, von denen an Ort und Stelle nichts zu bemerken ist. Der Friede ist wirklich genauso überraschend wie der Krieg.

Die UNRWA ist schon immer wie eine heilige Kuh behandelt worden. Niemand hat jemals eine sorgfältige neutrale Untersuchung der Organisation durchgeführt, ihre Erfolge und Misserfolge aufgelistet und ihre Methoden, ihre Finanzen und ihre politische Wirksamkeit überprüft. (Für diese Bemerkungen rechne ich damit, der Blasphemie beschuldigt zu werden.) Die UNRWA ist eine Bürokratie, bestehend aus elftausendvierhundertneunzehn palästinensischen Flüchtlingen und einhundertachtzehn Amerikanern und Westeuropäern, die verständlicher- und notwendigerweise auf Seiten der Araber stehen und sich ihrer Sache zu eigen gemacht haben. Natürlich hätte diese selbst überwiegend arabische Bürokratie einen arabischen Sieg begrüßt und ist über das Gegenteil alles andere als erfreut. Und natürlich hätten die Auslandsvertreter der UNRWA nicht siebzehn Jahre lang in arabischen Ländern tätig sein können, wenn sie die politische Position der arabischen Regierungen den palästinensischen Flüchtlingen gegenüber nicht guthießen und unterstützten.

Aber ist diese Voreingenommenheit, wie verständlich auch immer, die beste Art gewesen, den Flüchtlingen selbst zu helfen? Alljährlich beklagt ein UNRWA-Generalbevollmächtigter nach dem anderen rituell die Tatsache, dass Israel nicht Selbstmord begeht, indem es alle palästinensischen Flüchtlinge in die Heimat zurücklässt. Das ist die offizielle arabische Doktrin: Rückkehr nach Palästina oder nichts. Jährlich wuchs die Flüchtlingsbevölkerung und gedieh erfreulicherweise, weil die UNRWA sich um sie kümmert und die Flüchtlinge für sich selbst sorgen. Weder die offizielle arabische Doktrin noch ihre Billigung seitens der UNRWA haben sich geändert.

Für 2300000 israelische Juden stellen 1300000 im Hass erzogene Araber (Hass, der auch in UNRWA-Schulen ständig geschürt wird) ein stattliches Trojanisches Pferd dar. Mit Sicherheit wollte Israel keinen Selbstmord begehen. Wenn die UNRWA kein Programm außer der Repatriierung entwickeln konnte, wenn die arabischen Regierungen keinem anderen zustimmen wollten, dann musste die UNRWA stillschweigend die offizielle arabische Alternative akzeptieren: Krieg zur Rückgewinnung der palästinensischen

Heimat. Stand die UNRWA dieser einzigartigen Lösung für ein Flüchtlingsproblem ganz und gar ablehnend gegenüber?

Die Berichte und hübschen PR-Broschüren der UNRWA sind die Grundlage, auf der man sich um Regierungsgelder und Privatspenden für die UNRWA bemüht. Sie zeichnen ein herzzerreißendes Bild. Nebenbei bestätigt die UNRWA damit die arabische Propaganda. Die Flüchtlinge müssen verzweifelt bleiben, in Wirklichkeit oder auf dem Papier, oder das palästinensische Flüchtlingsproblem verschwindet. Ohne das palästinensische Flüchtlingsproblem aber gibt es keine passende arabische Ausrede für den Krieg gegen Israel, da Israel lebenswichtige arabische Interessen in keiner Weise beeinträchtigt.

Jahr für Jahr erklärt die UNRWA, dass vierzig bis fünfzig Prozent der Flüchtlinge mittellos oder nahezu mittellos sind, dreißig bis vierzig Prozent zum Teil selbst für ihren Unterhalt aufkommen müssen und es etwa zehn bis zwanzig Prozent gutgeht. Und doch gibt die UNRWA den Flüchtlingen kein Geld. Ihre direkte Hilfe besteht aus einer monatlichen Ration Mehl, Hülsenfrüchten, Zucker, Reis und Öl, die eintausendfünfhundert unausgewogene Kalorien pro Tag ausmachen. Wenn die Mittellosen, das heißt die über keinerlei eigene Mittel Verfügenden, von nichts anderem leben müssten, wären sie schon längst tot. Stattdessen haben sie eine höhere Geburtenziffer als andere arabische Bauern und gesündere Kinder.

Über die Hälfte der Flüchtlinge lebt außerhalb der Lager in privaten Behausungen; diese Flüchtlinge müssen sich mehr als nur zum Teil selbst unterhalten können, um Miete, Kleidung und Lebensmittel (neben den UNRWA Rationen) zu bezahlen. In jeder Familie muss einer für Geld arbeiten, was auch der Fall ist, und ihre Arbeit ist den Ländern der »Gastgeber« zugute gekommen. Armut herrscht im Nahen Osten immer und überall (während die arabischen Regierungen gewaltige Summen für Waffen zum Fenster hinauswerfen); die palästinensischen Flüchtlinge müssen, wie die Nichtflüchtlinge auch, die allgemeine Not und die besonderen Einschränkungen bekämpfen, die ihnen die arabische Politik auferlegt. Aber das Bild, das die UNRWA von ihnen zeichnet, kann vor dem gesunden Menschenverstand oder den leibhaftigen Flüchtlingen selbst nicht bestehen. Während der vergangenen 19 Jahre haben 67 Regierungen, darunter Israel (aber kein einziges Mal die Sowjetunion, der Freund der Araber) und unzählige private Wohlfahrtsverbände der UNRWA jährlich durchschnittlich etwa fünfunddreißig Millionen US-Dollar zur Unterstützung der palästinensischen Flüchtlinge zukommen lassen. Dieses Geld wird für Güter und Dienstleistungen ausgegeben und ist letztlich ein Riesengeschäft, wie man es auch betrachtet. Die palästinensischen Flüchtlinge sind ebenso eine Einnahmequelle wie eine Propagandawaffe gewesen.

Drei Viertel der Flüchtlinge können jetzt eine neue Lebensperspektive erhalten. In Westjordanien und im Gazastreifen braucht die UNRWA einen neuen internationalen Mitarbeiterstab, Leute, die weder die Araber noch die Israelis begünstigen, sondern denen es einzig um die Flüchtlinge als Menschen zu tun ist. Diese unvoreingenommenen Mitarbeiter sollten dann auf den gewaltigen UNRWA-Stab aus palästinensischen Flüchtlingen einen neuen Blick werfen.

Außerdem muss eine genaue Erhebung der palästinensischen Flüchtlinge durchgeführt werden, was die arabischen Regierungen diese ganzen Jahre über untersagt haben, damit statt eines propagandistischen Zahlenspiels die echten Bedürfnisse festgestellt und angemessene Hilfen geleistet werden. Es ist wirklich ungeheuerlich, dass ein Mann, der auf seiner Heimaterde unter seinen eigenen Leuten lebt, seine eigene Sprache spricht, Besitzer eines großen Jerusalemer Hotels, eines Reisebüros und eines Hauses in der Vorstadt ist, als palästinensischer Flüchtling klassifiziert wird.

Neunzehn Jahre lang hat die wechselvolle arabische Politik ein Palästinaproblem hervorgerufen. Zwei Generationen palästinensischer Kinder mussten von Flüchtlingslehrern in UNRWA-Schulen lernen, wie und warum sie ein Problem waren. Ein Problem zu sein, kommt nicht von selbst. In denselben Jahren haben etwa fünfunddreißig Millionen anderer Flüchtlinge in der ganzen Welt ohne Unterstützung der UNRWA, aber ungehindert von politischen Interessen tapfer und klaglos ihr Problem gelöst und sich ein neues unabhängiges Leben aufgebaut.

Blinde Flecken der Solidarität mit Palästina

Nachwort

Klaus Bittermann

Am 3. Juni 1948 bestieg Arthur Koestler in Le Bourget ein Flugzeug und landete nach einem »ziemlich holprigen Flug« am 4. Juni in Haifa. Am 14. Mai 1948 hatte Israel seine Unabhängigkeit proklamiert und kurze Zeit später erklärte eine Koalition von fünf arabischen Nachbarstaaten Israel den Krieg. Koestler, der schon Mitte der 40er Jahre einige Male nach Palästina gereist war und als Journalist in Jerusalem gearbeitet und dabei das Land lieben gelernt hatte, wollte so schnell wie möglich nach Israel. Die Nachricht vom Angriff der arabischen Armeen ließ ihn verzweifeln.

In den seit Kriegsbeginn bis zu seiner Ankunft vergangenen zwanzig Tagen war einiges passiert. Eine ägyptische Kolonne war vom Süden her bis Gaza vorgestoßen, eine zweite stand kurz vor Jerusalem. Es gab Angriffe von syrischen, libanesischen und irakischen Truppen auf jüdische Siedlungen, die aber zumeist abgewehrt werden konnten. Bedrohlich war die Lage im jüdischen Viertel der Jerusalemer Altstadt und auf der strategisch wichtigen Verbindungsstraße zwischen Tel Aviv und Jerusalem.

Die Situation erschien damals mehr als kritisch, weil die Übermacht der arabischen Staaten das Schlimmste befürchten ließ, trotz der Tatsache, dass die USA und die Sowjetunion als erste Staaten Israel anerkannt hatten, die Amerikaner sogar schon elf Minuten nach der Unabhängigkeitserklärung. Gemäß Artikel 39 der Charta der Vereinten Nationen schlug die amerikanische Delegation am 17. Mai dem Sicherheitsrat vor, die Feindseligkeiten unter Androhung von Sanktionen innerhalb von 36 Stunden einzustellen, aber Großbritannien stimmte dagegen, weshalb der Antrag am 22. Mai abgelehnt wurde. Stattdessen erging eine sogenannte »Anweisung«, die Waffen niederzulegen. Die Juden akzeptierten nach Ablauf der Frist eine Feuerpause, die arabische Seite lehnte ab. Am 26. Mai wiederholte sich das Spiel, wieder akzeptierten die Juden, wieder lehnten die Araber die Forderung des Sicherheitsrats ab. Und auch beim dritten Versuch änderte sich nichts an diesem Prozedere. Schon 1937 wurde der Teilungsvorschlag der Peel-Kommission von den Arabern abgelehnt, die UN-Teilungsvorschläge von 1947 ebenso wie der palästinensische Autonomievorschlag von Begin und Sadat 1987, die Zwei-Staaten-Vorschläge von Barak und Clinton 2000 und schließlich der Zwei-Staaten-Vorschlag von Olmert 2007 und 2008. Diese Vorgänge sind symptomatisch im Verhältnis der Konfliktparteien und sie zeigen, dass Israel immer wieder kompromissbereit war und Zugeständnisse machte, während die arabischen Führer auf Eskalation setzten.

Diese fanatische Unnachgiebigkeit, der Hass der arabischen Führer wie vor allem des einflussreichen Mufti von Jerusalem Amin al-Husseini, eines Nationalisten, der einen verschwörungsideologischen islamistischen Antisemitismus vertrat, damals Muslime für die Waffen-SS rekrutierte und für den Tod tausender jüdischer Kinder verantwortlich war, dieser fanatische Hass dürfte auch Martha Gellhorn zutiefst beunruhigt haben. Vielleicht hatte sie sogar die Artikel von Arthur Koestler gelesen, der aus dem Kriegsgebiet u.a. für die *New York Herald Tribune* berichtete und dessen Reportagen 2020 im Buch »Mit dem Rücken zur Wand« auf deutsch erschienen.

1949 reiste sie zum ersten Mal nach Palästina, und auch später führten sie ihre Wege immer wieder in das Land, in dem die Juden versuchten, sich eine Heimstatt zu schaffen. »Tel Aviv, ein Fluss aus Sand. Staubwolken hängen über dem Meereshorizont am wolkenlosen Himmel. Aufgeregt und glücklich zugleich. Eine neue Welt«, schrieb sie hingerissen vom Land. Sie traf ihren Freund Robert Capa im Hotel Armon, und schnell machten sie sich auf die Suche nach einer Bar mit einem guten Whiskey, wie die Gellhorn-Biographin Caroline Moore berichtete, um das »Gefühl des Jüdischseins« zu besprechen, das für sie als Juden, die sich nicht als Juden begriffen, nirgends so präsent war wie an diesem Ort. Gellhorn hatte sogar vor, ein Buch über Israel zu schreiben, aber außer den im vorliegenden Band versammelten Reportagen fanden sich in ihrem Nachlass nur ein längeres Stück über den Eindruck, den das Land auf sie machte, und verstreute Einträge in ihren Tagebüchern. Aber mit ihren Artikeln in verschiedenen Zeitungen wie dem *Guardian, The Atlantic Monthly, The Nation* u.a. brachte sie bereits alles zum Ausdruck, was ihr wichtig war.

Für die Kriegsreporterin Martha Gellhorn, die 1945 in Dachau gewesen war, war das, was sie dort gesehen hatte, nicht nur zutiefst verstörend, es öffnete sich ein Abgrund, ein Riss in der Zivilisation, der jenseits des Vorstellungshorizonts der Menschen lag. Spätestens nach ihrem »Besuch in Deutschland« – so der Titel ihrer Reportage über ihre Reise durch das besiegte Deutschland 1945 –, als sie auf Einwohner traf, die immer nur betonten, von nichts gewusst zu haben und kein Nazi gewesen zu sein, war ihr klar, dass die Juden ein Land brauchten, in dem sie unbehelligt leben konnten. Insofern hatten die Nazis Israel zu seiner Daseinsberechtigung verholfen, denn Israel war für Gellhorn die »Gewähr gegen eine Wiederholung des grässlichsten Verbrechens in der Geschichte«. In ihrem Glauben an Israel ließ sie sich umso weniger irritieren, als sie sich die Zeugenaussagen der Überlebenden in den Gerichtssälen von Nürnberg und Jerusalem angehört hatte. Es war für sie von absoluter Notwendigkeit, dass vor Antisemitismus und Vernichtung flüchtende Juden einen Ort haben mussten, der ihnen Schutz und Sicherheit bot.

Und deshalb war es für sie auch nie eine Frage, dass sich die Juden gegen die Angriffe der Araber zur Wehr setzen mussten, da die arabische Seite aus ihren Anfeindungen und Absichten keinen Hehl machte, wie Gellhorn in einer Reportage über den Sechstagekrieg beschreibt. Als sie am vorletzten Tag des Krieges ankam und ihre Recherche sie auf ein Schlachtfeld am Westufer des Jordan führte, fand sie den Boden weniger mit Leichen als mit weggeworfenen Stiefeln übersät, zurückgelassen von arabischen Truppen, die nach Jordanien geflüchtet waren. Aber sie entdeckte auch zurückgelassene arabische Zeitungen und Comics, in denen typische Karikaturen abgedruckt waren, wie man sie schon aus dem *Stürmer* kannte: »Juden, fett, dunkel, mit großer Hakennase und Geiferlippen. Ich hatte Kunstwerke der gleichen Art 1961 in allen palästinensischen Flüchtlingsschulen in Jordanien und im Libanon gesehen, Schulen, die von der United Nations Relief and Works Agency, dem UN-Hilfswerk für palästinensische Flüchtlinge, finanziert werden.«

1961 nahm sie den Kampf in diesem Propagandakrieg auf, als sie auf ihren Reisen durch palästinensische Flüchtlingslager den Hass auf die Juden dokumentierte. Noch nie hatte Flüchtlinge gegeben hatte, die ihrem Augenschein nach so komfortabel lebten wie die Palästinenser, jedenfalls ging es ihnen in der Regel besser als den Einwohnern, die unter arabischer Verwaltungshoheit lebten. In dieser Propagandaschlacht warf Gellhorn Israel völliges Versagen vor, und deshalb wollte sie in ihrem Artikel ein wenig »die Tatsachen richtigstellen«, nämlich darauf hinweisen, dass die arabische Behauptung von israelischen Gräueltaten einfach nicht zutraf. Sie kritisierte vehement die Neigung des westlichen Auslands, ohne Überprüfung zu berichten, dass die Israelis Krankenhäuser und Flüchtlingslager bombardiert hätten, was sich bei näherem Hinsehen als arabische Propaganda herausstellte. »In Sachen Israel wird mit doppeltem Maßstab gemessen: Israel muss über jeden Zweifel erhaben sein, während die Araber sich alles erlauben können.«

Vieles von dem, was Martha Gellhorn schreibt, kommt einem heute, nach dem 7. Oktober, merkwürdig bekannt vor, weil das Narrativ von Beginn an im Wesentlichen das gleiche geblieben ist. Die Gräueltaten, die den Israelis vorgeworfen werden, die Babys, die die Israelis mit Vorliebe töten, die Krankenhäuser, die die Israelis bombardieren, der Genozid, den die Israelis an den Palästinensern begehen würden. Der Propagandakrieg, der heute über TikTok und die sozialen Medien ausgetragen wird, ist schon lange verloren, vor allem seit Influencer aller Art herausgefunden haben, dass sich mit palästinensischer Propaganda Klickzahlen generieren lassen. Dennoch sollte man auf einige historische Fakten hinweisen, um die herrschenden Vorurteile mit der Wirklichkeit zu konfrontieren. Das wollte auch Gellhorn tun, wenngleich sie darüber verzweifelte, wie wenig ihre Berichte bewirkten, aber Aufgeben und Resignieren waren für sie keine Option.

Was sie in ihrer Reportage 1961 empirisch belegte, d.h. durch zahlreiche Gespräche mit arabischen Flüchtlingen, deckt sich mit den Beobachtungen vieler Historiker, die darauf hinweisen, dass man die tiefe Verachtung der Araber gegen die jüdische Präsenz in Palästina begreifen müsse, »eine Verachtung, die in einer jahrhundertelangen islamischen Judenfeindschaft mit starken religiösen und historischen Wurzeln verankert ist«, wie Benny Morris in seinem Standardwerk »1948« schreibt, der mit seinem Buch viel dazu beigetragen hat, die arabischen Mythen und Narrative über den Krieg aufzulösen. Zudem war die in den 20er Jahren entstandene palästinensische Nationalbewegung der Ansicht, dass Palästina den Arabern gehöre, weil es immer schon von Arabern besiedelt gewesen sei. Historisch gesehen ist das jedoch keine haltbare Position, weil das Land vor der Eroberung durch Muslime im 7. Jahrhundert von Römern, Juden und Griechen bevölkert wurde, nicht aber von Arabern. Im 16. Jahrhundert wurde schließlich das Land von den Osmanen erobert und 1917 wiederum vom Oberbefehlshaber der britischen Truppen Allenby eingenommen. Eine Stunde Null für Palästina, aus der sich irgendwelche Rechte ableiten ließen, gibt es nicht.

Natürlich bleibt trotz allem, wie Arthur Koestler schreibt, »die Ungerechtigkeit, die den palästinensischen Arabern widerfahren ist, immer noch eine unleugbare Tatsache, aber verglichen mit historischen Präzedenzfällen erscheint sie als relativ milde Ungerechtigkeit und die Art und Weise der jüdischen Besiedlung als vergleichsweise anständig und human«. Und sie vollzog sich nicht gewaltsam, wie die arabische Propaganda behauptete, sondern mit dem Einverständnis der dort lebenden Einwohner. »Kein Araber wurde jemals gezwungen, sein Land zu verkaufen«, das in der Regel sowieso nicht den armen Bauern gehörte, sondern türkischen Großgrundbesitzern. Aber obwohl die jeweiligen Besitzer dem Landkauf immer freiwillig zustimmten, legte die britische Mandatsverwaltung den Juden große Steine in den Weg und ging mit administrativen Maßnahmen dagegen vor, so dass schließlich, wie Koestler schrieb, »Palästina ab 1940 das einzige Land der Welt [war], abgesehen vom nationalsozialistischen Deutschland, in dem es Juden untersagt war, Land zu erwerben«. Dabei ging es den Siedlern darum, das unwirtliche, aus Sanddünen, Sümpfen und Steinwüsten bestehende Land zu kultivieren, um die Lebensbedingungen der Bewohner zu verbessern und die Lebenserwartung zu verlängern. Davon profitierten auch die Araber, indem jüdische Ärzte dafür sorgten, dass die hohe Kindersterblichkeitsrate in der palästinensischen Bevölkerung sank.

Dennoch wird den Zionisten immer wieder vorgeworfen, sie hätten einen Staat auf einem Territorium errichtet, wo vorher andere Menschen lebten, und die indigene Bevölkerung vertrieben, weshalb Israel kein Existenzrecht besitze. Aber: »Die Gründungsakte aller bisherigen Gemeinwesen [...] waren«, wie der Soziologe Wolfgang Pohrt 1982 schrieb, »keine der Gerechtigkeit, sondern stets solche der Gewalt. Sogar der Bilderbuchfrieden idyllischer Stämme und Völker, die einträchtig und in Harmonie mit den Nachbarn das Land der Väter nach alter Sitte bestellen, ist in der Regel ein Frieden, der auf dem ursprünglichen Gewaltakt der Landnahme und Vertreibung anderer beruht.« Und Arthur Koestler kommt zum Schluss, dass jeder Umsturz, jede Landnahme nach einer Weile »als vollendete Tatsache hingenommen wurde« und dass jede Nation letztlich durch ein Gründungsverbrechen entstanden ist, wie z.B. die Vereinigten Staaten, die die Ureinwohner, um es vorsichtig auszudrücken, verdrängte, vertrieb und dezimierte. Dennoch hält es niemand für realistisch oder für eine schlaue Idee, das Land den Indianern zurückzugeben. Israel bildet insofern eine Ausnahme, als es durch eine internationale Vereinbarung entstanden ist, aber dennoch gezwungen wurde, einen Krieg zu führen, um sich als Staat zu behaupten, der in der Lage ist, seine Einwohner zu schützen.

Der erste arabisch-israelische Krieg 1948 brachte ca. 700.000 arabische Flüchtlinge hervor. Die arabische Seite sprach von 900.000 bis zu einer Million. Ein großer Teil dieser Flüchtlinge kam jedoch durch die Hetzpropaganda der eigenen Führer, vor allem des Mufti Amin al-Husseini, zustande, die die arabischen Bewohner von Palästina dazu aufriefen zu flüchten, weil sie sonst von den Juden massakriert werden würden. Dass dieses Szenario nicht der Wirklichkeit entsprach, rückt Gellhorn unermüdlich in den Vordergrund ihrer Reportagen. Viele hatten dennoch tatsächlich gute Gründe zu flüchten, wenn sie zwischen die Fronten gerieten, und es kam zu Massakern auf beiden Seiten. Aber ca. eine halbe Million arabische Bewohner blieben und wurden in die israelische Gesellschaft integriert, sie wurden im Laufe der Zeit eingebürgert und konnten sich an der israelischen Politik beteiligen. In Haifa und Jaffa mit einem hohen arabischen Bevölkerungsanteil haben es die wachsenden Gemeinwesen seither zu

Wohlstand gebracht, und jeder dürfte sich darüber im Klaren sein, dass diese Situation für sie besser ist, als in Lagern zu leben. Sie machen heute ungefähr 20 Prozent der israelischen Bevölkerung aus.

Die Vertreibung war zu keinem Zeitpunkt offizielle politische Linie des Zionismus, wie Omri Böhm in der *FAS* (vom 30.6.24) insinuiert, wenn er von einem »Vertreibungsmodell von 1948« schreibt, jedenfalls gibt es kein offizielles Dokument, das diese Behauptung belegen würde. Aber es stimmt, dass die israelischen Regierungen eine Rückführung der Flüchtlinge ablehnten, die von arabischer Seite zur absoluten Bedingung aller Verhandlungen gemacht wurde, weil eine solche demographische Verschiebung die Existenz Israels gefährdet hätte. Und dieses Argument, dem Böhm bezeichnenderweise keine einzige Zeile widmet, ist nicht von der Hand zu weisen, wenn man den tief verwurzelten und religiös motivierten Hass der arabischen Bevölkerung auf die Juden bedenkt. Zudem steckte der israelische Staat in seiner Gründungsphase und es war nicht abzusehen, ob durch die Rückführung der palästinensischen Flüchtlinge nicht alles aus dem Lot geraten würde, jedenfalls waren über eine halbe Million auf Vergeltung sinnende Palästinenser keine gute Voraussetzung, um in ohnehin nicht gerade stabilen Verhältnissen ein gutes Auskommen miteinander zu garantieren. Dennoch sind Befürchtungen kein Beweis, weil man nicht weiß, was wirklich eingetreten wäre, und natürlich besteht die Möglichkeit, dass Israel die Rückkehr der 700.000 Flüchtlinge verkraftet hätte. Wahrscheinlich ist dies allerdings nicht. Die arabische Seite hingegen ließ nie erkennen, dass sie an einer Verhandlungslösung interessiert war.

Im April 1949 wurde in Lausanne eine Friedenskonferenz einberufen, und abermals knüpften die Araber ihre Teilnahme an Bedingungen wie die Rückführung aller Geflüchteten und die Teilungsgrenzen von 1947, als ob sie den Krieg nicht soeben erst verloren hätten. Ein Angebot der Israelis, 100.000 Flüchtlinge aufzunehmen, wurde abgelehnt, weil man nicht bereit war, von den eigenen Maximalforderungen abzurücken. Immerhin wäre das ein Experiment gewesen, an dem man hätte sehen können, ob die Rückführung praktikabel gewesen wäre.

Aber der Krieg hatte nun mal Fakten und das palästinensische Flüchtlingsproblem geschaffen. Der von Benny Morris zitierte israelische Außenminister Mosche Schertok sagte rückblickend: »Es gibt Leute, die sagen, wir hätten die Araber aus ihren Häusern vertrieben. Aber auch sie werden nicht leugnen, dass die Ursache des Problems der Krieg war: Hätte es keinen Krieg gegeben, hätten die Araber ihre Dörfer nicht verlassen und wir hätten sie nicht vertrieben. Hätten die Araber von Anfang an die Entscheidung vom 29. November [1947] akzeptiert, wäre ein ganz anderer jüdischer Staat entstanden. […] Im Grunde wäre der Staat Israel mit einer großen arabischen Minderheit entstanden, die dem Staat, seiner Regierungsform und seinem ökonomischen Leben ihren Stempel aufgedrückt und einen organischen Teil des Staates gebildet hätte.«

Der Krieg brachte jedoch noch ein anderes großes Flüchtlingsproblem hervor, denn viele arabische Staaten rächten sich für ihren missglückten Angriffskrieg an den in ihren Staatsgrenzen lebenden jüdischen Gemeinden, die nun vor den Pogromen des aufgestachelten arabischen Mobs flüchten mussten. Über eine halbe Million schon seit Generationen in den Ländern lebende arabische Juden wurde vertrieben, eine Minderheit emigrierte nach Frankreich, England und andere westliche Länder, die meisten jedoch zogen nach Israel und wurden in den Folgejahren in die israelische Gesellschaft integriert, während die arabischen Flüchtlinge von ihren Bruderländern nicht aufgenommen, sondern in Flüchtlingslagern untergebracht wurden, weil niemand sie einbürgern oder sonstwie integrieren wollte.

Das erzwungene Exil der arabischen Juden lief alles andere als reibungslos ab, ihnen war in der Regel ihr gesamtes Hab und Gut genommen worden. Und obwohl die meisten Flüchtlinge kein Hebräisch konnten, bekamen sie nach ihrer Ankunft einen Pass und eine Wohnung. Das führte zum sogenannten »sephardischen Problem«, das die israelische Gesellschaft nachhaltig veränderte, was erahnen lässt, dass die Rückkehr einer noch größeren Anzahl arabischer Flüchtlinge schwerwiegende gesellschaftliche Probleme aufgeworfen hätte. Es ist also in gewisser Weise einzigartig, dass den palästinensischen Flüchtlingen die Möglichkeit gegeben wurde, in ihrem Status zu verharren, denn selbst die riesigen Flüchtlingsmassen, die der 2. Weltkrieg hervorgebracht hatte, lösten sich mit der Zeit auf, weil die Menschen entweder zurück in ihre Heimat gingen, sofern ihnen das möglich war, oder in andere Länder, wo sie sich eine neue Existenz aufbauten.

Auch wenn das jüdische Flüchtlingsproblem nicht störungsfrei verlief, die arabischen Staaten hatten im vornherein kein Interesse, die palästinensischen Flüchtlinge aufzunehmen und gar zu integrieren, so dass sie staatenlos blieben und noch heute von internationaler Wohltätigkeit leben. Ähnlich wie bei den Sudetendeutschen handelt es sich bei den Palästinensern um einen Heimatvertriebenenverein, aber während sich das Problem der Sudentendeutschen nach einer Generation erledigte, weil niemandem in den Sinn kam, ihnen die Rückkehr ins Sudetenland zu erlauben, wird der Status der Palästinenser als Flüchtlinge vererbt. Deshalb gibt es selbst ohne militärische Auseinandersetzung immer mehr Flüchtlinge, die für die Araber allerdings propagandistisch wichtig sind, weil man mit ihnen immer wieder auf das Elend der Palästinenser hinweisen kann.

Es ist bezeichnend, dass diese Sicht der Dinge bei Omri Böhm keine Rolle spielt, weil es ihm vor allem darum geht, die Palästinenser nicht als Akteure zu betrachten, sondern als Opfer, d.h. er interessiert sich ausschließlich für »viele« Israelis, die »mittlerweile gelernt [haben], die Logik der Umsiedlung durch offene Unterstützung oder stillschweigende Duldung als notwendig, moralisch oder realistisch zu akzeptieren« (*FAS* vom 30.6.24), ohne zu verraten, was »viele« konkret bedeutet. Er spricht nicht von der Hamas, die gar nicht bereit ist zu verhandeln, nicht von den großen Protesten in Tel Aviv, die die rechtsradikale Netanjahu-Regierung stürzen will, und auch nicht davon, dass es ähnliche Proteste der Palästinenser gegen die Hamas nicht gibt. Dabei wäre es doch interessant zu erfahren, warum das so ist. Stattdessen spricht er von »ethnischer Säuberung« durch die Israelis, denen ein Krieg durch die Hamas aufgezwungen wurde, während er den 7. Oktober wie eine irgendwie verständliche Reaktion auf die Unterdrückung der Palästinenser behandelt, was ihn 2024 für den Leipziger Buchpreis zur Europäischen Verständigung qualifizierte.

Nach dem 7. Oktober wurde innerhalb kurzer Zeit klar, dass man den Juden das größte an ihnen verübte Massaker seit dem Holocaust nicht verzeihen würde. Während sich die Juden in den ersten Tagen, nachdem die Hamas immer mehr von ihren grausamen Taten hochgeladen, gepostet und in den sozialen Netzwerken öffentlich gemacht hatte, noch in Schockstarre befanden, warnten bereits die ersten besorgten Stimmen die Israelis, bloß nicht in der ihnen zugeschriebenen Rolle als Täter rückfällig zu werden und sich an den palästinensischen Opfern zu vergehen. Es war das jahrzehntelang eingeübte Ritual, das selbst dann nicht in Frage gestellt wurde, als immer mehr kaum zu ertragende Details über das Massaker an über tausend Menschen bekannt wurden. Daraus sprach eine merkwürdige Empathielosigkeit gegenüber Juden. Die Empathie galt den Palästinensern. Es war, als hätte man nur darauf gewartet, dass sich der israelische Staat zur Wehr setzt, um die Israelis als Täter zu stigmatisieren.

Wie die Kräfteverhältnisse in den europäischen Ländern aussahen, ließ sich an den Demonstrationen leicht ablesen, selbst in Deutschland, wo die Regierung das grundsätzliche Recht Israels anerkennt, sich gegen die Angriffe der Hamas zur Wehr zu setzen. Auf der ersten kurzfristig anberaumten Demo der Israelis vor dem Brandenburger Tor drei Tage nach dem Massaker fanden sich gerade mal ca. 3000 Menschen zusammen. In London fand zweieinhalb Jahre vorher im Mai 2021 mit 180.000 Teilnehmern im Hyde Park die größte propalästinensische Kundgebung in der britischen Geschichte statt, als die Hamas 4000 Raketen auf Tel Aviv, Jerusalem und andere Ballungszentren abgefeuert hatte und die Israelis auf den Beschuss militärisch antworteten. Scharen von Jugendlichen zogen durch die Londonder Straßen auf der Suche nach Juden, um sie zur Rechenschaft zu ziehen. Man war für die Palästinenser auf die Straße gegangen, vor allem aber gegen die Juden, auch wenn diese mit Israel vielleicht gar nichts zu tun haben, was vorkommen soll, und nicht nur bei den Juden.

Die seit Beginn der militärischen Operationen der IDF gegen die Hamas entbrannte Debatte hat irritierende Züge angenommen. Schon allein die Tatsache, dass Israel von allen Seiten dazu aufgerufen wird, die Kampfhandlungen und damit das Leid der palästinensischen Bevölkerung zu beenden, nicht aber die Hamas, die nur kapitulieren müsste, damit der Krieg schnell beendet wäre, zeugt von einer einseitigen Wahrnehmung. Der Hamas scheint man das nicht zumuten zu wollen. Und damit geht der Plan ihres Anführers Yahya Sinwar auf, denn alle reagieren genauso, wie er das geplant hatte. Die Hamas wollte diesen Krieg, sie wollte eine möglichst hohe Opferzahl der eigenen Bevölkerung, sie konnte verlässlich darauf zählen, dass sich die internationale Öffentlichkeit gegen Israel wenden und niemand mehr von der Hamas sprechen würde, und bislang ist nicht ein einziger Vorschlag gemacht worden, wie sich Israel sonst hätte verhalten sollen.

Natürlich nicht: denn es gibt keinen Staat auf der Welt, der nach einem Massaker an der eigenen Bevölkerung die Hände in den Schoß gelegt hätte. Putin hätte vermutlich wie schon in Syrien Giftgas eingesetzt, und wie der Iran darauf reagiert hätte, will man erst gar nicht wissen. In einem Krieg werden immer Unbeteiligte getötet und in Mitleidenschaft gezogen, und wenn eine Kriegspartei wie die Hamas genau das will, lassen sich zivile Opfer nicht vermeiden, weil die Kunst ihrer Kriegsführung darin besteht, sich inmitten der Bevölkerung zu verschanzen und sie als Schutzschild zu missbrauchen. Die Kunst hingegen, eine Organisation wie die Hamas zu zerstören, die eine Bevölkerung in Geiselhaft nimmt, aber sie zum großen Teil auch hinter sich weiß, schließlich hat sie den Krieg der Hamas weder verhindert noch boykottiert oder sabotiert, ja nicht einmal kritisiert, diese Kunst ist noch nicht erfunden worden, auch wenn Israel auf diesem Gebiet große Fortschritte gemacht hat. Wenn es seit dem 2. Weltkrieg einen gerechten Krieg gibt, dann ist der Kampf gegen eine faschistische Organisation, deren einziges Ziel darin besteht, Israel zu vernichten, zumindest einer, der sich kaum vermeiden ließ. Allerdings lässt sich die Verhältnismäßigkeit der Mittel bezweifeln und es zählt zur großen Tragik des Krieges, dass Netanjahu sein persönliches Schicksal mit dem Israels verknüpft hat.

Ob sich der Krieg gewinnen lässt, ist eine andere Frage, weil die Hamas auf einen nicht unerheblichen Zuspruch der palästinensischen Bevölkerung zählen kann. Eine zwischen dem 22.11.23 und dem 2.12.23 von der Konrad-Adenauer-Stiftung in Zusammenarbeit mit dem Palestinian Center for Policy and Survey Research durchgeführte Studie kommt zu einem interessanten Ergebnis: Die Mehrheit der Befragten bestreitet, dass die Gräueltaten, die die Hamas an einfache israelische Bürger und Jugendliche auf einem Musik-Festival begangen hat, überhaupt stattgefunden haben (*FAZ* vom 14.12.2023). Popularität und Ansehen der Hamas in der eigenen Bevölkerung sind gestiegen, vor allem zu Beginn der Kampfhandlungen. Die Beliebtheitswerte der Hamas sanken erst, als die Bewohner erkannten, dass sie den Preis zahlen mussten. 82 Prozent im Westjordanland und 57 Prozent im Gazastreifen geben an, es sei richtig gewesen, dass die Hamas Israel angegriffen hat, d.h. durchschnittlich 71 Prozent: ein erstaunlich hoher Anteil, wenn man bedenkt, dass eine Mehrheit der Palästinenser nicht daran glaubt, dass das Massaker überhaupt stattgefunden hat, aber den 7. Oktober für eine Widerstandshandlung hält. Offenbar ist die Hamas mit ihrer Propaganda so erfolgreich, dass man von einer gelungenen Gleichschaltung sprechen kann. Mit dem Zuspruch von ungefähr 43 Prozent der Wähler konnte die Hamas selbst zu dem Zeitpunkt noch rechnen, als schon weite Teile des Gazastreifens in Schutt und Asche lagen.

Im März 2024 ist laut einer weiteren Studie (*FAZ* vom 22.3.2024) die Zustimmung auf 34 Prozent gesunken, vermutlich weil die Situation desaströs und hoffnungslos ist, doch damit wäre die Hamas in Gaza immer noch populärer als die CDU hierzulande. Der Aussage, die Hamas habe keine Verbrechen an Zivilisten begangen, stimmten unheimliche 91 Prozent zu, was darauf hindeutet, wie empfänglich die palästinensische Bevölkerung auch für grobe Lügen und Entstellungen der Wahrheit ist, die sie von jeder Verantwortung freisprechen. 59 Prozent der Palästinenser möchte laut der Umfrage vom März, dass die Hamas auch nach dem Krieg im Gazastreifen wieder regiert. Diese Zahl mag zwar auch mit fehlenden Alternativen zu tun haben, aber man scheint die Hamas auch nicht zu fürchten, jedenfalls weniger als eine israelische Besatzung (was verständlich wäre), aber auch weniger als eine Verwaltung durch arabische Staaten oder die Vereinten Nationen. Fast 90 Prozent sind sich einig, dass das Verhalten der westlichen Länder, von deren Unterstützung die Palästinenser bereits seit Jahrzehnten leben, gegenüber dem israelischen Vorgehen eine Missachtung des humanitären Völkerrechts darstelle. Natürlich sind solche unter Extrembedingungen erhobenen Zahlen mit Vorsicht zu genießen, aber sie geben zumindest eine Ahnung davon, wie aussichtslos die Lage ist.

Die Palästinenser zu »enthamasifizieren«, so wie man versucht hat, die Deutschen nach 1945 zu »entnazifizieren«, daran haben weder die Großmächte noch die autokratischen arabischen Länder ein Interesse. Das wäre allerdings auch deshalb schon illusorisch, weil sich auch die Deutschen nicht »entnazifizieren« ließen. Es bedurfte eines Aufschwungs in einer Phase wirtschaftlicher Prosperität und es dauerte selbst unter günstigen Umständen immer noch 40 Jahre, also bis zum Renteneintrittsalter der Nazis und der biologischen Lösung des Problems, bis man bereit war, sich mit der eigenen Vergangenheit kritisch auseinanderzusetzen. Unter dieser Voraussetzung kann man eine Befriedung des Konflikts nur aus einem Zwangsoptimismus heraus für realistisch halten.

Omri Böhms Vorschlag, sich an das Konzept der Freundschaft Hannah Arendts zu halten, indem man durch gutes Beispiel vorangeht, ist faszinierend nur für Leute, die mit hehren Gedanken vor der Realität in Deckung gehen bzw. sie damit zu bannen suchen. Mit einer politischen Lösung des Konflikts hat das wenig zu tun.

Die propalästinensische Beflaggung der Gesinnung ist vor allem bei jungen Menschen in der Linken und im Kunst- und Kulturbetrieb beliebt. Dort zählt dies zum radical chic und hat mit dem vegetativen Bedürfnis zu tun, auf der richtigen Seite stehen zu wollen, und die richtige Seite ist immer die Seite der vermeintlich Unterdrückten.

Dieses Verhalten war früher nicht anders, und es hat damals dazu geführt, dass nicht wenige aus der 68er Generation lange Zeit Pol Pot und die rote Khmer sowie Mao und die Kulturrevolution für große Vorbilder einer neuen Gesellschaft hielten, obwohl sich deren

Herrschaft auf die Ermordung von Millionen gründete. Aber statt aus diesen Fehlern zu lernen, sympathisieren große Teile der internationalen Linken mit der Terrorgruppe Hamas und damit auch mit faschistischen Staaten wie dem Iran, der solche Terrorgruppen unterstützt. Bestenfalls lässt sich sagen, sie ignorieren die Verbündeten der Hamas, obwohl gerade der Iran wie kaum ein anderer Staat für Unterdrückung und die Hinrichtung all jener steht, die einen anderen Lebensstil pflegen als die religiösen Fanatiker. Von der Geschichte des Konflikts wollen sie nichts wissen, sie verlassen sich auf die über Tiktok und auf anderen Fake-News-Kanälen verbreitete Propaganda, während sie vor Trump warnen, der sein Weltbild aus dem gleichen zweifelhaften Informationssumpf bezieht. Unwissenheit und moralisches Urteil sind das Privileg der Jugend, aber es ist erstaunlich, dass sich vor allem die Studenten und ein beträchtlicher Teil der Dozenten so verhalten, als ob Dummheit ein unantastbares Menschenrecht wäre. Die Weigerung, sich zu informieren, zeugt von einem in sich geschlossenen und abgeschotteten ideologischen Weltbild, an welchem jedwede Aufklärung scheitern muss.

Dieses Weltbild besteht aus Schlachtrufen wie »From the river to the sea« und »Yallah, yallah, Intifada«, aus dem Niederschreien z.B. der Präsidentin der Humboldt-Universität Julia von Blumenthal, die den Protestierenden ein Gesprächsangebot machte, aus der Negierung des Existenzrechts Israels, und nicht zuletzt aus der Gewalt gegen israelische Studenten. Es fällt schwer, dieses Verhalten als angemessene Reaktion auf das Leid palästinensischer Zivilisten zu sehen. Jedenfalls sollten die Protestierenden sich nicht beim verhassten Staat darüber beschweren, dass sie wegen Hausfriedensbruchs, Gewalt gegen Personen und verfassungsfeindlicher Parolen möglicherweise von der Polizei belangt werden. Sie jedoch wittern eine Wiederauferstehung Joseph McCarthys, der in den Fünfzigern eine Hetzjagd auf angebliche Kommunisten machte, die anders als die privilegierten Studenten um ihre Existenz fürchten mussten.

Aber das ist nur einer der vielen blinden Flecken in der bedingungslosen Solidarität mit den Palästinensern und der Hamas, die man für eine Widerstandsgruppe hält. Dabei genügt ein Blick in ihre Charta, um zu sehen, dass ihr oberstes Ziel die totale Zerstörung des Staates Israel ist, zudem hält es die Hamas für eine Pflicht aller Palästinenser, jeden Juden zu töten. Eine Opposition zur Hamas gibt es nicht, da sie im Keim erstickt wird, wie man z.B. einem Interview eines Hamas-Gegners in der *taz* vom 13.-19.7.24 entnehmen kann, der nach einem harmlosen Protest mit dem Slogan »Wir wollen leben« festgenommen und gefoltert wurde und nur mit dem Leben davonkam, weil seine Verwandten das Bestechungsgeld zahlen konnten.

Nicht zu sehen, dass es große Unterschiede gibt zwischen einer Demokratie, die es jungen Menschen erlaubt, in relativer Freiheit zu leben, und einer Diktatur wie im Iran, in Afghanistan oder Gaza, wo mit Protestierenden kurzer Prozess gemacht wird, verrät eine ideologische Ignoranz und Verbohrtheit. Und diese sind nur mit der weitverbreiteten Haltung zu erklären, dass man für seine schonungslose Kritik an der Regierung, die man für eine Bande korrupter Fieslinge und für einen Polizeistaat hält, umgehend erwartet, mit dem Bundesverdienstkreuz für Zivilcourage ausgezeichnet zu werden. Diese merkwürdige Form von Rebellion scheint, wie Wolfgang Pohrt einmal schrieb, »gerade in Deutschland selten ernsthaft auf den Sturz der Machthaber zu zielen, sondern ähnelt … häufig dem Verhalten aufsässiger Kinder, welche auf kuriose Weise die Aufmerksamkeit oder die Liebe der Eltern erzwingen wollen, Protest und Kritik also gewissermaßen als Form politischer Bettnässerei.«

Erstaunlich ist dabei, dass zahlreiche Professoren an den Universitäten in zahlreichen Offenen Briefen sich mit den erklärtermaßen propalästinensischen Aktivisten solidarisch erklären, als ob es vornehmlich darum gehe, die Unwissenheit über den Konflikt nicht etwa durch Wissensvermittlung zu schmälern, sondern zwanghaft unter Beweis zu stellen, dass Ahnungslosigkeit eine besonders schützenswerte menschliche Eigenschaft sei. Statt über den Konflikt aufzuklären, sorgt man sich darum, »das Vertrauen der Studenten nicht zu verspielen«, »diesen Druck auszuhalten«, erstmal abzuwarten, ob »From the river to the sea« überhaupt verfassungsfeindlich sei, und dabei zu versuchen, »die Intention des Studenten, der Studentin zu verstehen«, im Zweifelfall jeden einzelnen zu befragen, was er darunter verstünde. Das alles formuliert in der perfekten bürokratischen Schaumsprache eine Hochschulprofessorin (*Zeit* Nr. 22 vom 16.5.2024) arglos als ihr »Anliegen«, das »Aus dem Wörterbuch des Unmenschen« von Dolf Sternberger stammt und seither zum »beliebtesten Element im Sprachschatz aller Arten von Managern geworden« ist, weil damit nichts gesagt, aber signalisiert wird, dass man in aufdringlicher Weise auf der richtigen Seite steht.

Der inzwischen erfolgreiche akademische Boykott macht besonders deutlich, wie wenig es den Akteuren um die Beendigung des Krieges geht, sondern vielmehr um eine Politik, deren Hebel der Antisemitismus ist. Die Universität Helsinki etwa kündigte an, »ihre Besorgnis über den Konflikt zum Ausdruck zu bringen, indem sie die universitären Austauschprogramme mit ihren israelischen Partnern vollständig aussetzt«. Im April gab es laut *Ha'aretz* sechzig Ausladungen israelischer Wissenschaftler von internationalen Konferenzen. Was mit der Beendigung der wissenschaftlichen Zusammenarbeit erreicht werden soll, bleibt unklar, denn weder haben die israelischen Universitäten die Möglichkeit, auf die Regierungspolitik Einfluss zu nehmen, noch können Regierung oder Militär über universitäre Angelegenheiten entscheiden. Israel ist nun mal trotz einer ultrarechten Regierung ein demokratischer Rechtsstaat, der für die Unabhängigkeit universitärer Institutionen sorgt, ganz abgesehen davon, dass vom Boykott vor allem Linke betroffen sind, die der Regierung ihrerseits kritisch gegenüberstehen und sich für ihre Ablösung einsetzen. Während mittlerweile eine große Mehrheit der Israelis Netanjahu abwählen würde, gründet die Vernichtungspolitik der Hamas genau auf dem Kalkül, dass die Rechten an der Regierung bleiben, denn mit Netanjahu an der Spitze erfährt die Hamas in der internationalen Öffentlichkeit genau die Zustimmung, die sie braucht, um mit der Umsetzung ihrer Charta fortfahren zu können.

Rashid Khalidi ist einer der wenigen palästinensischen Historiker, der eine gewisse Reputation besitzt und heute den Edward-Said-Lehrstuhl an der Columbia University innehat. Anfang der Neunziger war er Berater der PLO bei den Nahost-Friedenskonferenzen in Madrid und Washington, was Khalidi allerdings lieber verschweigt. Im Frühjahr 2020 ist »The Hundred Years' War on Palestine« erschienen, über das Benny Morris in der *Jewish Review of Books* (2020, auf deutsch erschienen in *Jungle World* Nr. 23, vom 6.6.24) schreibt, es sei »eine weitere etwas schwülstige Rezitation der traditionellen palästinensischen Erzählung; deren Mantras sind die westliche und zionistische Schuld an allem, was den Palästinensern widerfahren ist, und die leidenschaftliche Beteuerung der palästinensischen Unschuld«. In der folgenden ausführlichen Besprechung weist Morris nach, dass das Buch tendenziös und fehlerhaft ist. Es ist einseitig, verharmlost, was die Rolle der Palästinenser angeht, Schilderungen bleiben eindimensional und der Autor brilliert mit Unterschlagungen wichtiger historischer Ereignisse. Es handelt sich also um ein Buch, das auf wissenschaftliche Standards offenbar verzichtet, auch wenn der Autor als bedeutender Historiker gilt.

Den Unionsverlag, der dem renommierten deutschen Wissenschaftsverlag C.H. Beck gehört, scheint die nationalromantische Verklärung der Geschichte nicht weiter gestört zu haben. Khalidi hat für die Ausgabe

»Der hundertjährige Krieg um Palästina« ein aktuelles und nach dem 7. Oktober verfasstes Nachwort geschrieben, in dem er seine historisch nicht haltbare Erzählung noch einmal verdeutlicht. Er schreibt vom »Krieg«, den »unterschiedliche Großmächte im Bund mit der zionistischen Bewegung gegen die in Palästina lebende Bevölkerung geführt haben – eine Bewegung, die zunächst gleichzeitig siedler-kolonialistisch wie nationalistisch war und darauf abzielte, in der angestammten Heimat der Palästinenser die Bevölkerung auszutauschen«, er spricht sogar von »ethnischer Säuberung«, ohne auch nur mit einem Wort zu erwähnen, dass es sich um Angriffskriege der arabischen Seite handelte, stattdessen haben »die Palästinenser der Usurpation ihres Landes Widerstand geleistet«, d.h. das Buch entspricht ganz dem Bild, das sich die propalästinensischen Freunde machen. Eine einfach gestrickte und romantische Deutung, in der die Bedeutung des Antisemitismus der islamischen Nationalisten vollständig ausgeblendet und als europäische Angelegenheit abmoderiert wird. Den Terror des 7. Oktober sieht Khalidi als offenbar normale Reaktion auf die israelische Politik. Eine alles in allem »ermüdende Lektüre«, weil Khalidis »selektive Ereignisgeschichte« ein »überkommenes historisches Selbstbild fortschreibt, in dem die palästinensische Politik seit Jahrzehnten gefangen ist«. (*Süddeutsche Zeitung* vom 14.6.24) Das Buch liefert die perfekte historische Grundlage für alle, die sich ihre einseitige Sicht auf den Konflikt bestätigen lassen wollen.

In der seit dem 7. Oktober anhaltenden Diskussion lässt sich jedenfalls feststellen, dass zahlreiche Intellektuelle in ihrer Skepsis gegenüber den Juden bereit sind, ihre Reputation aufs Spiel setzen, statt die Ursachen des Konflikts zu erforschen. Sie scheuen sich nicht zu behaupten, die Israelis verübten einen Genozid und seien dabei, sich den Nazis anzuverwandeln. Sie relativieren und kontextualisieren wie Slavoj Žižek, der zum 7. Oktober wenig, zu den »Verbrechen der Juden« umso mehr zu sagen hat, und der mit erstaunlicher Kreativität einen »antisemitischen Zionismus« erfindet, den er für mindestens ebenso schrecklich hält wie Breivik und den SS-Mann Reinhard Heydrich, wie Detlef zum Winkel nachgewiesen hat (*Jungle World* vom 23.11.23). Oder Judith Butler, die sich in einem inzwischen nicht mehr zugänglichen Livestream der Medienorganisation »Paroles d'Honneur« in Paris erstaunt darüber zeigt, dass man die Taten der Hamas am 7. Oktober als »Terror« bezeichnet. Sicher, man könne darüber diskutieren, ob man mit dem Vorgehen der Hamas einverstanden sei oder nicht, auch wolle Butler die Einordnung der Morde als »Widerstand« nicht als »Wertung« verstanden wissen, aber: »Ich denke, es ist ehrlicher und historisch richtiger zu sagen, dass der Aufstand vom 7. Oktober ein Akt des bewaffneten Widerstands war. Es handelt sich nicht um einen Terroranschlag und nicht um einen antisemitischen Angriff.« Oder Masha Gessen, die Gaza mit dem Warschauer Ghetto vergleicht, als ob die Juden 1943 an den Nazis ein Massaker begangen hätten.

Wer solche Ansichten äußert, kann offensichtlich nicht ernsthaft als zurechnungsfähig angesehen werden. Aber das verschafft den Intellektuellen öffentliche Aufmerksamkeit, und während sie im Zentrum der Debatte stehen, erblicken sie darin vor allem einen Versuch, sie mundtot machen zu wollen. Zahlreiche Intellektuelle erweisen sich durch ihre haltlose Kritik als zutiefst inhuman. Indem sie das Massaker am 7. Oktober relativieren oder gar rechtfertigen, sprechen sie ihm seine Bedeutung ab und reagieren auf die Ungeheuerlichkeit der Tat genau so, wie die Hamas es sich gewünscht hat, nämlich mit einer ungewöhnlich heftigen und sehr phantasievollen Kritik des Opfers, das man im vornherein als Täter identifiziert hat.

Intellektuelle haben ein feines Gespür für Macht und den Zeitgeist, und ihre Kunst besteht darin, die westliche Welt und die Juden als Verursacher der Krisen und der Kriege anzuklagen. Für einige entscheidet sich in Palästina sogar das Schicksal der Welt. Sie ignorieren, dass es immer die Juden waren, die angegriffen wurden. Danach hat man ihnen dann zum Vorwurf gemacht, dass sie sich gewehrt haben. Die Juden werden nur als Opfer geliebt, oder wie ein Buchtitel von Dara Horn heißt: »People Love Dead Jews«.

Israel wird beschuldigt, einen Genozid an den Palästinensern zu begehen, aber das lässt nur darauf schließen, dass die Intellektuellen nicht wissen, worin ein Genozid besteht, was aber ohne Bedeutung ist, weil sie Genozid sowieso nur als Kampfbegriff verwenden. Aber während man Israel aller möglichen Kriegsverbrechen beschuldigt, ist man mit Kritik an totalitären Unrechtsstaaten erstaunlich zurückhaltend, die Verbundenheit der Hamas mit dem Iran findet bei ihnen kaum Erwähnung. Fast könnte man meinen, dass in ihrer Kritik, die die westlichen Demokratien für alles Übel der

Welt verantwortlich macht, eine gewisse Sympathie für autoritäre Systeme mitschwingt.

Dass Intellektuelle gegenüber Diktaturen besonders standhaft wären, lässt sich jedenfalls nicht behaupten. Es ist noch nicht lange her, dass die deutsche Professorenschaft am 5. März 1933 als erste zum Naziregime überlief. Offensichtlich ist man bestrebt, diese Traditionslinie wieder zu beleben. Noch wird den Intellektuellen keine Zivilcourage abverlangt, denn sie leben in demokratischen Ländern und haben selbstverständlich jedes Recht, sich mit waghalsigen Behauptungen und absurden Thesen zu blamieren. Indem sie sich als verfolgt, benachteiligt und gecancelt inszenieren, zeigen sie, dass sie an den neuen Verhältnissen, die sich durch die internationale Palästina-Solidarität am Horizont abzeichnen, nichts auszusetzen haben, in denen Israel nur noch eine Fußnote der Geschichte und »From the river to the sea« Wirklichkeit sein wird.

Paperback, 232 Seiten, 24.- Euro

»Eines der meistbeachteten Sachbücher der letzten Wochen. Es versammelt Essays unterschiedlicher Intellektueller zum genozidalen Massaker und den Folgen. Eine davon: das erneute Anwachsen des Antisemitismus.« *ORF2*

Mit Beiträgen von Seyla Benhabib, Sofia Dreisbach, Ralf Fücks, Ulrich Gutmair, Tobias Ebbrecht-Hartmann & Deborah Hartmann, Jeffrey Herf, Eva Illouz, Günther Jikeli, Nikolai Klimeniouk, Christoph Koopmann & Sina-Maria Schweikle, Kira Kramer, Wolfgang Kraushaar, Philipp Lenhard, Tania Martini, Meron Mendel, Armin Nassehi, Nele Pollatschek, Doron Rabinovici, Claudius Seidl, Natan Sznaider, Thomas von der Osten-Sacken & Oliver M. Piecha, Volker Weiß, Deniz Yücel & Daniel-Dylan Böhmer, Detlef zum Winkel.

Aus der Reihe Critica Diabolis

21. Hannah Arendt, Nach Auschwitz, 13.- Euro
65. Guy Debord, Gesellschaft des Spektakels, 20.- Euro
171. Harry Rowohlt, Ralf Sotscheck, In Schlucken-zwei-Spechte, 15.- Euro
223. Mark Fisher, Gespenster meines Lebens, 20.- Euro
225. Eike Geisel, Die Wiedergutwerdung der Deutschen, 24.- Euro
246. Mark Fisher, Das Seltsame und das Gespenstische, 18.- Euro
253. Wolfgang Pohrt, Werke Bd. 10, Kapitalismus Forever & Texte, 22.- Euro
254. Wolfgang Pohrt, Werke Bd. 3, Honoré de Balzac, 2. Aufl., 18.- Euro
262. Wolfgang Pohrt, Werke Bd. 4, Kreisverkehr & Texte 82-84, 30.- Euro
268. Wolfgang Pohrt, Werke Bd. 1, Theorie des Gebrauchswerts u.a., 32.-
271. Eike Geisel, Die Gleichschaltung der Erinnerung, Essays, 26.- Euro
272. Mark Fisher, k-punk, Nachgelassene Schriften (2004-2016), 34.- Euro
277. Iris Dankemeyer, Erotik des Ohrs. Adorno, 30.- Euro
278. Wolfgang Pohrt, Werke Bd. 6, Massenbewusstsein BRD 1990, 30.-
282. Wolfgang Pohrt, Werke Bd. 8.1, Harte Zeiten & Texte, 26.- Euro
284. Caroline Fourest, Generation Beleidigt, 18.- Euro
286. Ingo Müller, Furchtbare Juristen, erweiterte Neuausgabe, 24.- Euro
287. Wolfgang Pohrt, Werke Bd. 8.2, Brothers in Crime, 26.- Euro
291. Wiglaf Droste, Chaos, Glück und Höllenfahrten, Autobiographie, 24.-
292. Hallische Jahrbücher#1, Die Untiefen des Postkolonialismus, 24.- Euro
294. Wolfgang Pohrt, Werke Bd. 9, FAQ & Ergänzungstexte, 26.- Euro
295. Léon Poliakov, Vom Hass zum Genozid. Das 3. Reich und die Juden, 34.-
298. Pascal Bruckner, Ein nahezu perfekter Täter, 26.- Euro
301. Klaus Bittermann, Unruhestifter Wolfgang Pohrt, Biographie, 32.- Euro
311. Ingo Elbe u.a. (Hg.), Probleme des Antirassismus, 34.- Euro
312. Laure Adler, Die Reisende der Nacht. Über das Altern, 30.- Euro
313. Wolfgang Pohrt, Werke Bd. 11, Briefe & Mails 1976–2016, 38.- Euro
315. Stefan Gärtner, Tote und Tattoo, Kritik der Dummheit, 24.- Euro
316. Funny van Dannen, Angst vor Gott. Neue Geschichten, 22.- Euro
317. Wiglaf Droste, Vollbad im Gesinnungsschaum. Sprachkritik, 22.- Euro
318. Andreas Stahl u.a. (Hg.), Gesichter des politischen Islam, 30.- Euro
319. Matthew Beaumont, The Walker. Die Stadt und die Moderne, 34.-
321. John Sanford, Die Menschen vom Himmel. Roman, 30.- Euro
322. Julie Burchill, Willkommen bei den Woke-Tribunalen, 34.- Euro
323. Ahlrich Meyer, Der Bann der Unglaubwürdigkeit. Essays, 30.-Euro
324. Jake Wallis Simons, Israelphobie, 24.- Euro
325. Bruno Chauoat, Ist Theorie gut für die Juden?, 30.- Euro
326. Claudius Seidl, Anstiftung zum Bürgerkrieg., 24.- Euro
327. Hans Traxler, Wie die Malerei verschwand, 26.- Euro
328. Ingo Elbe, Antisemitismus und postkoloniale Theorie, 28.- Euro
329. Christof Meueler, Die Welt in Schach halten. Wiglaf Droste, 30.- Euro
330. Martha Gellhorn, Die Araber von Palästina, 18.- Euro
331. Hallische Jahrbücher #2, Das Zeitalter des Populismus, ca. 24.- Euro
332. Martini & Bittermann (Hg.), Nach dem 7. Oktober, Essays, 24.- Euro
333. Joe Bauer, Einstein am Stuttgartstrand, ca. 20.- Euro
334. Pascal Bruckner, Die Gesellschaft der Opfer, ca. 28.- Euro
335. Jonathan Guggenberger, Opferkunst, ca. 14.- Euro

http://www.edition-tiamat.de